アドラー・セレクション
Adler Selection

性格の心理学

Menschenkenntnis

アルフレッド・アドラー
Alfred Adler

岸見一郎[訳]
Ichiro Kishimi

アルテ

Alfred Adler
Menschenkenntnis

Fischer Taschenbuch Verlag, 1973 (Original: 1926)

目次

性格の心理学

第一章　総　論

性格の本質と発生

われわれが性格特徴ということで理解しているのは、人生の課題に取り組もうとする人における、心の一定の表現形式の表れである。それゆえ、「性格」は社会的概念である。われわれは性格について、人のまわりの世界との連関を考慮に入れる時にだけ語ることができる。例えば、ロビンソン・クルーソー[1]においては、彼がどんな性格を持っているかは、重要ではないだろう。[2]性格は心の態度決定である。即ち、人がどんなふうにまわりの世界に向き合うかという方法であり、認められたいという欲求が、共同体感覚と結びついて貫徹されるガイドラインである。

人の行動はすべて目標によって確定されることが既に確かめられた。[3]この目標は、優越性、力、他者の征服などである。[4]この目標は世界観に作用し、人の生き方、ライフスタイルに影響を与え、表現運動を導く。それゆえ、性格特徴は、人の運動線[5]が外に現れた形にすぎない。性格は、そういうものとして、人がまわりの世界、仲間、総じて、共同体と人生の課題をどのように認識しているかを伝える。ここでは、個性の特質を発揮させる手段、組み合わされることで生きる方法になる性格が問題とされる。

性格は、決して、多くの人が考えているように、生得的で、自然によって与えられたものではなく、人に影のようにつきまとい、どんな状況においても、あまり考えなくても統一された人格を表現することを許すガイドラインに比べることができるものである。それは、いかなる生得的な力や傾向にも対応せず、たとえ非常に早い時期であっても、一定の生き方を保つことができるためには、獲得されるのである。そこで、例えば、子どもが怠惰でも、この性格は生得的なものではなく、子どもの人生を楽なものにし、それでいながら、自分が重要であることを主張するために適当な手段に見えるので、怠惰なのである。なぜなら、力の追求は、人が怠惰の線の上を動いている時にも、ある意味で、存在するからである。怠惰を常に生得の欠点として引き合いに出すことができ、そうすれば、自分の内面的な価値は侵害されないように見えるのである。このような自己観察の最終結果は、常におよそ次のようなものである。「この欠点がなければ、私の能力は輝かしく発展することができるのに。しかし、残念なことに、私はこの欠点を持っている」。また、制しきれないほど力を追求し、絶え間なく、まわりの世界との闘いに巻き込まれる人は、このような闘いにとって必要と見える性格を発達させる。例えば、野心、嫉妬、不信などである。われわれは、このような現象を人格と分かつことができず、生得で変えることができないと信じるが、[7] 仔細に観察すれば、それらは人の運動線にとって必要であり、それゆえ、獲得されるものであることが、明らかになる。それらは、第一次的な要因ではなく、第二次的なものであり、人の隠された目標[8]によって獲得することを強いられたのであり、それゆえ、目的論的に観察されなければならない。

人が生き、行為し、自分の立場を見出す方法は、必ず目標の設定と結びついている。一定の目標が念頭になければ、何も考えることも、着手することもできない。それは既に早い時期に子どもの心の暗い輪郭の中に浮かび上がり、心の発達全体に方向を与える。それは導き、形成する力であり、個人が特別の統一性、他の誰とも異なる人格を示す力である。なぜなら、すべての運動と表現形式は、共通の一点に向けられ、そのため、われわれは、人がたとえ道のどこにいても、常にその人を認めることができるからである。

精神的な現象のすべてに関して、とりわけ、性格特徴の発生に関して、われわれは遺伝を重視する考えを完全に斥《しりぞ》けなければならない。この領域で遺伝学説を支持できる根拠は何一つない。人生において何らかの現象を遡れば、当然、最初の日に到達し、あたかもすべてが生得的であるように見える。家族の全体、国民、あるいは、人種に共通した性格特徴があるとすることの根拠は、ただ、人は他の人を真似るのであり、他の人から学び取り、借りた特徴を自分の内に発達させたということである。われわれの文化には、成長する人にとって、模倣しようと思う重要な事実、精神的特徴、身体的な表現形式があるのである。

例えば、時に、見たいという欲求として現れる知識欲は、視覚器官の困難と闘わなければならない子どもにおいては、好奇心という性格特徴になるが、この性格が必ず発達することにはならない。子どものガイドラインが要求するのであれば、子どもの知識欲の中に、あらゆるものを調べようとしたり、分解したり、壊すような性格特徴を発達させることがありうる。あるいは、本の虫などになることもある。

聴覚障害のある人の不信も、これと似たような関係にある。われわれの文化においては、このような人は、危険を並外れて鋭い仕方で感じやすい。しばしば障害者として、嘲笑されたり、貶《おとし》められるというような辛い目にあう。このことが、疑い深い性格が発達することを助長する。多くの喜びから閉め出されているので、敵対的な感情が起こることは理解できる。〔しかし〕聴覚に障害がある人にとって、疑い深い性格は生得的なものであるという仮定には根拠がないだろう。

同じことは、犯罪をするような性格特徴は生得的なものであるという仮定にも当てはまる。一つの家族の中に犯罪者が繰り返し現れるという議論に対しては、そのような家庭においては、伝統、人生観、悪しき前例が結びついていて、(9)例えば、窃盗は、まさに生きるための一つの可能性として、子どもたちに強く勧められるのだと反論しなければならない。

同じことは、とりわけ認められようとする努力に当てはまる。どの子どもも直面する困難は大きなものなので、この努力をすることなしに育つ子どもはいない。この努力は、その現れる形は違っても、結局は、同じである。形を変え、どの人の努力の仕方も違って見えるとしてもである。子どもたちがしばしば親の性格特徴に似ているように見えるという主張に対しては、子どもは認められようと努力する時に、身近にいる、認められ尊敬されている人の姿に引きつけられるのである、と反駁しなければならない。どの世代も、このような仕方で自分たちの先人から学ぶのであり、力を追求することから起こる困難な時や面倒なことに直面しても、常に学んだことに留まるのである。

優越性の目標は、隠された目標である。共同体感覚の作用によって、それは密かに展開し、友好的な仮面の背後に隠されている。しかし、人が他の人をよりよく理解しようとするならば、そのような目標が熱帯のように繁茂することはできないということを確かめなければならない。われわれがよりよい目を得て、誰もが仲間の性格をよりはっきりと見通すことができるようになれば、自分自身をよりよく守ることができるだけでなく、同時に、他の人が優越性を追求することをもはや割が合わないほど困難にするだろう。その時には、ベールで覆われた力の追求は消えるだろう。それゆえ、この連関をより深く見て、得られた認識を実践的に活用しようとすることは報われる。なぜなら、われわれの人間知[10]はまだ十分なものではないからである。

われわれは複雑な文化状況の中に生きている。そのことが生きるための正しい教育を困難にしている。〔人間についての〕鋭い洞察を発展させる最も重要な手段は、元来われわれから奪われており、学校は、これまでは、知識の一定の材料を子どもたちの前に広げ、そこから子どもたちができることと望むことを「鵜呑みさせる」以上のことをしてこなかった。その際、子どもたちの興味を特別に呼び覚ますことはしなかった。そもそもこのような学校自体が、国民の大多数にとっては、はかない望みでしかなかったのである。また、人間知を獲得するための最も重要な前提は、これまではとんど重視されることはなかった。このような学校でも、われわれは皆、人間を判断するための基準を努力して手に入れた。そこではおそらく、ものごとを善と悪に分け、それを互いに区別することを学んだ。しかし、それを変えることはなかった。そこで、われわれは、後の人生へもその誤った考えを持ち込み、そのことで、今もずっと苦労しているのである。

われわれは、子どもの時代の偏見を、大人になってからも、それがあたかも聖なる法律であるかのように使っている。われわれはこの複雑な文明の混乱の中に巻き込まれ、ものごとを真に認識するためには最も有害な見方をしていることに気づいていない。なぜなら、結局のところ、われわれは、すべてを自分についての評価を高めるという観点と意味からだけ見て、自分のために力を増そうとするからである。われわれの見方は、あまりに客観的だった。[11]

性格発達のための共同体感覚の重要性

性格を発達させる時には、力の追求に並んで、さらに第二の作用因が際立った役割を果たす。共同体感覚である。それは、認められることを求めることのように、既に子どもの心の最初の動きにおいて、とりわけ愛情と接触を求める動きに現れる。共同体感覚発達の条件については、われわれは別の場所(12)で学んだので、ここでは要点を短く繰り返すだけにしたい。共同体感覚は、特に、絶え間ない劣等感と、そこから発する力の追求の影響下にある。人間は、並外れて、あらゆる種類の劣等感からの影響を受けやすい。精神生活の過程は、そもそも劣等感が現れて初めて始まるのである。劣等感は人を不安にする。そこで、平和な人生と喜びを享受できるように、安全と完全を補償として求めるのである。劣等感を認識することから、子どもたちに対して守られなければならない行動のルール(13)が生じる。これは、人生を子どもにとって辛いものにしないようにし、人生の影をあまりに困難なものとして知ることになるのを防ぐ、したがって、可能な限り、人生の明るい面を伝えるという、よく見られる要求において頂点に達する。〔しかし〕ここにさらに別の一群の条件が結びつく。それは経済的な性質のものであるが、無教養、無理解、困窮は、子どもたちからついには取り除かれるべき現象であるのに、そのようであってはならない状況で子どもたちが育つことを強いる。身体障害も重要な役割を果たす。それは、通常の種類の人生を、このような子どもには向かないようにし、自分の生存を保持するためには、特別の権利が認められ、特別の対策が講じられなければならないように作用する。たとえわれわれがこれらのことをすべてできたとしても、このような子どもたち(14)がそれでも人生を何か困難なものと感じることを妨げることはできない。そのことで、彼

〔女〕らは、共同体感覚が損なわれるという危険に脅かされることになる。

　われわれは人を判断する時、共同体感覚という理念を基準とし、その人の態度全体、思考、行為をそれに照らしてはかるという以外の仕方ではできない。この観点がわれわれに与えられているのは、どの個人の立場も、人間社会の内部では、人生と連関しているという深い感情を必要とするからであり、それゆえ、われわれは、多かれ少なかれ、ぼんやりと、時にはまた非常に明瞭に、他の人に何を負っているかを感じ知っているからである。われわれが共同体の中にあり、共生の論理に従わなければならないという事実から、人を判断するためには確実な基準を持たなければならないということになり、そのためには、共同体感覚の大きさ以外の基準を認めることができないのである。われわれがこの共同体感覚に精神的に依存していることを否定することはできない。自分のどんな共同体感覚も本気で否認できる人は誰もいない。

　なぜなら仲間[15]に対する義務を免れることはできないからである。共同体感覚は、絶えず、このことを警告として思い出させる。このことは、われわれが常に共同体感覚を意識して行動しているということではないが、この感覚を抑え、脇に置くためには、ある程度のエネルギーの消費が必要であり、さらに、共同体感覚は、普遍妥当的なものなので、何らかの仕方でこの感覚によって正当化されることなしには、誰も行為を企てることはできないということである。それゆえ、人間の生においては、人が考え、行うことのすべてに対して、理由を——少なくとも酌量する理由を持ち出す傾向は、この〔無意識の〕共同体感覚に由来する。そして、われわれが常に共同体[16]と結びついていたいと思うこと、結びついていると信じたい、あるいは、少なくとも、結びついているように見せたいということから、独自の生き方、思考、行為の技術が生じる。[17]要は、この議論は、何か見せかけの共同体感覚が存在し、それは、ヴェールのように、他の傾向を覆い隠し、そのヴェールをはぎ取ることで初めて、人間について正しく判断することを可能にするということを示そうとしているのである。このような欺瞞がありうるので、共同体感覚の大きさを判断することは困難になる。人間知は、ともかく、非常に難しい。それゆえ、それは科学にまで高められなければならない。ここでどんな誤用がされうるかを示すために、以下において、われわれの経験からいくつかのケースを出してみよう。

　ある若い男性が、ある時、何人かの仲間と一緒に海に出かけ、ある島まで泳いで行き、そこにしばらくいた、と話した。彼らのうちの一人が、岸壁の縁から身を乗り出していてバランスを失い、海の中に落ちた。話をした若者は、身を乗り出し、仲間が沈んでいくのを珍しそうにじっと見ていた。後にそのことについて考えた時、当時、好奇心以外の何ものもなかったことに思い当たった。ついでながらいえば、この海に落ちた人は助かった。しかし、この話し手に関していえば、彼は共同体感覚を大きく欠いていることを確認しなければならない。そこで、彼が、その人生において、そもそも誰にも何か悪いことをしたことは一度もなく、さらには、折々に人とうまくやっていくことができる、と話すのを聞いても、このことが、彼の共同体感覚がわずかであることについて、われわれを欺くことがあってはならない。

ともあれ、このようなことをわれわれが大胆に主張するためには、さらに多くのデータを手に入れなければならないことは自明である。この若者の好きな白昼夢を引こう。その内容というのは、森の中で、あらゆる人から離れて、美しい小屋の中にいるというものだった。この光景は、彼が描く絵のお気に入りのモチーフだった。空想についてよく知っている人は、前歴を知れば、共同体感覚が欠如していることがすぐにわかるだろう(18)。そして、われわれが、彼の場合、何か誤った発達が彼に影響を及ぼし、共同体感覚の発達を妨げたに違いないということを確かめたとしても、そのことは道徳的に彼を非難したことにはならないだろうし、不当なことをしたことにはならないだろう。

次のような話がある。われわれはこれが逸話でしかなかったことを希望するのだが、この話に、真の共同体感覚と誤った共同体感覚の違いがさらにはっきりと示されている。ある老婦人が、市街電車に乗る時に、つるりと足を滑らせ、雪の中に落ちた。彼女は立ち上がることができなかった。多くの人が忙しそうに通り過ぎたが、誰も助けようとはしなかった。ついに、ある人が、彼女のところへ行き、助け上げた。この瞬間、別の、どこかに隠れていた人が飛び出してきて、彼女を助けた人に次のようにいって挨拶した。「とうとう、立派な人が現れました。五分間、私はそこに立ち、この婦人を誰かが助けるかどうか待っていたのです。あなたが最初の人です」。ここではっきりと、一種の傲慢や見せかけによって、いかに共同体感覚が誤用されるか、そして誰かが、他の人の裁判官を買って出て、賞賛と罰を分け与えるが、自分では指一本触れたりはしないということをはっきりと見ることができる。

また、非常に複雑なので、共同体感覚の大きさを決めることが難しいケースがある。そのような場合、共同体感覚の根本に戻るしかない。そうすれば、不明瞭なままで留まることはないだろう。例えば、戦争でもう既に半分負けたと思っているのに、軍隊の最高司令官が、なおも何千という兵士を死へと駆り立てるという場合について判断しなければならない時である。司令官は、当然、国益のために行ったという立場を主張するだろうし、そのことに同意する人も多いだろう。しかし、彼がたとえどんな理由をあげるとしても、われわれは、今日、彼を正しい仲間と見なすことはほとんどないだろう。

われわれがこのようなケースにおいて正しい判断ができるために必要なのは、普遍妥当的な観点である。われわれにとっては、これは公共の利益、全体の幸福の観点である。この観点に立てば、決定が困難であるケースはほとんどないだろう。

共同体感覚の大きさは、人のあらゆる生活場面で示される。例えば、人が他の人をどんなふうに見つめるか、どんなふうに手を差し出したり話しかけるかということに、しばしばはっきりと示される。人の存在全体が、しばしばわれわれにほとんど直感的に印象を伝えるのである。われわれは、時には、全く無意識に人の行動から結論を引き出すが、われわれ自身の態度をその結論に依存させるほどまでになる。この議論においてわれわれが行っているのは、この〔直感的に知るという〕過程を意識の領域へと移し、このようにすることで、誤りを怖れることなく、それを検証、評価することを可能にするということである。この過程が、制御することができず、修正することができない無意識において起こる時には、容易に先入観を持つことになるが、意識の領域に移されると、われわれは、もはやこのような先入観によって惑わされることはないだろう。

次のことをもう一度指摘しておこう。即ち、性格を判断する時には、常に人の全体の中の位置にだけ、本質的な要素として注目すべきであるということ、個々の現象だけを選び出す、例えば、身体の状態、環境、あるいは、教育にだけ目を向けるのでは十分ではないということである。しかも、このことを確認することで、人類は胸苦しい思いから解放される。なぜなら、われわれがこの方法を立てて守ることができれば、そして、自分をより深く知ることによって、より適切な仕方でふるまうことができるということをはっきりと自覚すれば、他の人に対して、とりわけ子どもたちに対して影響を及ぼすことに成功し、自分の運命を変えられないものと見たり、暗い家族の雰囲気の中に生まれたという理由で、不幸になったり、不幸なままであることを防止することも可能だからである。もしもそのことに成功すれば、人類の文化は前に向かって決定的な一歩を踏み出したことになり、自分が自分の運命の主人であるということを意識する世代が育つ可能性がある。

性格の発達方向

心が発達する時に子どもが取る方向に応じて、子どもが発達させる性格も目立ってくる。この方向は真っ直ぐなものになるか、曲がったものとなるだろう。前者の場合は、自分の目標の実現に向かって真っ直ぐに努力し、したがって、積極的で大胆な性格を発達させる。性格の発達の始まりは、どんな場合も、何かこのような積極的なもの、つかみ取るものであるが、しかし、この線は、生きることが困難であれば、容易に曲げられうるということができる。

この困難が、敵対者の大きな抵抗力の中にあり、したがって、子どもは優越性の目標に真っ直ぐな道を通って到達できないことが知られている。子どもは、何とかして、この困難を回避しようとする。このように回り道することでも、一定の性格特徴を身につけるだろう。同様に、われわれが既に学んだ他の困難も、性格の発達に影響を及ぼす。例えば、器官の不完全な発達、子どものまわりにいる人が犯す違反[19]などである。さらに、教育者として抵抗できない仕方で現れる、より広いまわりの世界の影響も重要である。なぜなら、公的な生活は、教育者自身の要求、思考、感情に現れ、それらは、教育を社会生活や支配的な文化に調和するように形成するという仕方で規定されるからである。

あらゆる種類の困難は、性格の直線的な発達にとって、常に危険を意味する。困難がある時に、子どもが力の目標に達するために取る道は、多かれ少なかれ、真っ直ぐな方向からは逸れる。最初の場合は、子どもの態度は揺るぎのないものであり、常に直線を進み、困難に対して直接向き合うが、第二の場合には、全く別の子どもが見られる。即ち、火が燃えているということ、敵がいるということ、したがって注意しなければならないということを既に学んでしまった子どもである。そのような子どもは、認められることや力の目標を、回り道して狡猾な仕方で手に入れようとする。子どもがさらに発達するかは、この回避の程度、即ち、あまりに注意深くなるか、あるいは、人生の必然となお調和しているか、あるいは、既にそれを回避してしまっているかに依存する。もはや真っ直ぐには自分の課題に近づかず、臆病になったり、引っ込み思案になったりする。あるいは、目を見ず、もはや本当のことを話さないだろう。子どもたちのタイプは異なるが、しかし目標は同じである。二人が同じことをしていなくても、それでも目標は同じでありうるのである。

両方の発達タイプを、〔同じ子どもが同時に〕ある程度までは、持つことができる。とりわけ、子どもの性格があまりに凝り固まったライフスタイルを採っておらず、原理が柔軟である時にはそうすることができる。その時、子どもはいつも同じ道を歩むわけでなく、最初の試みが不十分であることがわかった時には、十分自発的であり柔軟で、違うライフスタイルを見出すことができる。

したがって、共同体の要求に適応するためには、前提として、共同生活が平穏である必要がある。子どもがまだまわりに対して攻撃的な態度を取っていない限り、このように適応することを子どもに教えることは容易である。そして、家族の内部での争いは、教育者〔である親〕が自分の力の追求を子どもへの重荷や圧力にならないほど取り下げることができる時だけ、回避することができる。その際、親が子どもの発達について完全な知識を意のままにできるならば、直線的な性格特徴が誇張され、勇気が厚かましさに、自立が粗野な利己主義になることを避けることもできる。同様に、何らかの力によって生み出された権威によって、順応から奴隷的な服従が生じること、子どもが内向的になり、結果が明らかになることを怖れ、本当のことをいわなくなるということを防ぐこともできる。

なぜなら、教育においてしばしば用いられる圧力は、大胆な手段であり、大抵、誤った順応を生み出すだけだからである。しかし、強制された服従は、見かけだけのものにすぎない。ここで関与すると考えられるあらゆる困難が、直接あるいは単に間接に、子どもに影響を及ぼす。子どもの持つ関係全般が、子どもの心に常に反映されるからであり、したがって、批判できずに心を形成するが、これは、子どもが批判できないか、あるいは、まわりの大人がこの過程を全く知らないか、あるいは、理解していないからである。

人間を別の仕方でも、即ち、いかに困難に立ち向かうかによって分類することもできる。楽観主義者は、性格の発達が全体として真っ直ぐな方向を取る人のことである。彼〔女〕らは、あらゆる困難に勇敢に立ち向かい、深刻に受け止めない。自信を持ち、人生に対する有利な立場を容易に見出してきた。過度に要求することもない。自己評価が高く、自分が取るに足らないとは感じていないからである。そこで、彼〔女〕らは、人生の困難に自分を弱く、不完全であると見なすきっかけを見出すような他の人よりも容易に耐えることができ、困難な状況にあっても、誤りは再び償うことができると確信して、冷静でいられる。

楽観主義者は、ふるまいからもわかる。怖れることなく、他の人と腹蔵なしに自由に話し、過度に遠慮しない。具体的に描写するならば、彼〔女〕らは他の人を受け入れるために手を広げて立っているといえる。不信感を持っていないので、他の人と容易に結びつき、友達になれる。話し方は不自然ではなく、態度にも歩き方にも気取りがない。楽観主義者の純粋なタイプを見出すことは、早期の子ども時代を除けばほとんどない。しかし、われわれが満足できる程度の楽観主義と、〔他者と〕結びつく喜びはある。

別のタイプである悲観主義者は、最も困難な教育問題を引き起こす。このタイプの人は、子ども時代の体験と印象から劣等感を持ち、あまりの困難のゆえに、人生は容易ではないと感じるようになったのである。正しくない扱いによってひとたび養われた悲観的な世界観の勢力範囲の中で、彼〔女〕らのまなざしは、常に人生の影の面に向けられ、楽観主義者よりも、人生の困難を意識し、容易に勇気を失う。しばしば安全ではないという感覚に満たされて支えを求めるようになり、そのことは、通常、外面的には、支えなしでは立てないこと、例えば、子どもであれば、母親にもたれかかったり、母親を呼びよせることに表される。このように母親を求めて叫ぶことは、時に、大きくなってからも見られる。

このようなタイプの人が、ことのほか注意深いことは、常に危険を嗅ぎつけるので、大抵、内気で、怖がりで、動作がゆっくりになり、注意深く計算することに見られる。彼〔女〕らは寝つきがよくない。総じて、眠りは、人間の発達の優れた尺度である。睡眠障害は、常に、あまりに用心深いことと安全でないと感じていることの印である。このような人たちは、人生の脅威に対して身を守るために、絶え間なく警戒しているかのようである。このことから、よく眠ることができないこのタイプの人は、人生やその連関についてほとんど理解しておらず、生きるための技術を持っていないこともわかる。もしも彼〔女〕らの考えが正しければ、全く眠ることはできないだろう。実際に、人生がこのタイプの人が仮定しているように困難なものなら、睡眠は、実際のところ、有害なものになるだろう。このような自然の営みに反対の態度を取るという傾向があることから、このタイプの人には生きる能力がないことが明らかになる。時には睡眠障害そのものではなくて、他の些細なこと、例えば、戸がきちんと閉まっているか確かめることや、強盗に押し入られる夢を頻繁に見るというようなことが見られる。さらには、睡眠時の姿勢によって、このタイプであることがわかる。このような人が狭い場所に収まるように丸く縮こまったり、あるいは、布団を頭から被るということもしばしば見られる。

別の観点から人を攻撃型と防衛型に分けることができる。攻撃的態度は、とりわけ、大きな動きに示される。彼〔女〕らは、勇気があれば、この勇気を蛮勇にまで高め、自分にも他の人にも何かをなしとげることができるということを特別に強調して常に示そうとする。そのようにして、根底において彼〔女〕らを支配している強い安全ではないという感情を現す。不安な時には、怖れに対して抵抗しようとする。優しさや愛情の感情を抑圧しようとする人もある。それらの感情は、そのような人には、弱さのように見えるからである。彼〔女〕らは、常に、そして、しばしば、目立つほど明らかに、強さを見せびらかしたいと思う。

このような攻撃型の人は、時に、粗暴さと残忍さという特徴も示す。彼〔女〕らが悲観主義に傾けば、まわりの人への関係はしばしばすべて変化する。他の人と共生することも共感することもなく、すべての人に敵対するからである。その際、彼〔女〕らの意識的な自己評価は、非常に高いものになり、誇り、傲慢、自惚れで膨れ上がることもありうる。本当の勝利者であるかのように、虚栄心を誇示することもある。しかし、これらすべてのことを行う際の露骨さと過剰さは、共生を妨げるだけでなく、彼〔女〕らにとってすべてのことが、不安定で揺れ動く基礎の上に聳え立つ人工的に築かれたものであることも明らかにしている。そこで、彼〔女〕らは、攻撃態度を取るが、しばらくの間しか持続しないことになる。

このような人がさらに発展していくことは容易ではない。人間社会は、このような人には好意的ではない。既に、目立っているということによって、嫌われるのである。優位を占めようと絶えず努力するので、他の人、とりわけ、同じタイプの人と衝突する。競争を呼び覚ますからである。彼〔女〕らの人生は絶え間ない闘いの連鎖となる。そして、ほとんど避けられないことだが、敗北すると、一連の勝利と成功はしばしば終わりを告げる。そうなると、容易に尻込みするようになり、耐久力をなくし、突然の悪化を克服することはもはやできない。その時には、失ったものを取り返すことは困難である。

課題に失敗したことは、彼〔女〕らに後まで残る影響を与え始める。そして、彼〔女〕らの発展は終わるが、その時、常に攻撃されていると感じる別のタイプが始まる。

〔この〕二番目のタイプである防衛的な人は、弱さの感覚を克服する時に、攻撃の線を求めず、不安、慎重、臆病の線を求める。この立場は、たしかに、最初のタイプにおいて叙述した線が、たとえわずかな時間であっても、辿られなかったら成立しない。防衛タイプの人は、すぐに非常にひどい経験を背負い込み、そこから否定的な結論を引き出すので、容易に〔課題からの〕逃避の道へと入り込む。多くの人は、あたかも、ここに実りある有効な出発点があるかのようにふるまうことによって、この逃避の動きを自分自身に隠すことに成功するのである。

そこで、彼〔女〕らは、過去に遡って、回想に耽り、空想を発展させる。しかし、このことは、実際には、彼〔女〕らには脅威的に見える現実から逃れるという目的にだけ役立つ。おそらく、まだすべての自発性を失っているわけではない時には、自ら何か公共のためには無用ではないことをこの道でなしとげることに成功する人もある。芸術家の心理に関心がある人は、芸術家にしばしばこのタイプを見出すだろう。このタイプの人は、何らの妨げもない空想と観念の領域において第二の世界を打ち立てるために、現実から逃避する。しかし、このようなことは例外である。大抵の人は失敗する。すべての人とものを怖れ、途方もない不信感を抱き、他の人からは敵意しか期待しないのである。

残念ながら、われわれの文化においては、彼〔女〕らの立場はあまりにしばしば強められるだけで、人間の優れた資質や人生の明るい面へのまなざしを完全に失ってしまう。このような人にしばしば見られる性格特徴は、並外れて批判的になりうるということであり、どんな失敗にもたちどころに気づく鋭いまなざしを持つということである。彼〔女〕らは、自分自身はまわりの人に何か役立てるように貢献することなしに、裁判官を気取る。常に批判的で、悪しき遊び仲間、遊びの興をそぐ[20]人である。彼〔女〕らの不信は、彼〔女〕らに傍観し、ためらう態度を取らせる。そして、課題を前にして、決断を避けたいかのように、疑い、ためらい始める。このタイプも象徴的に叙述するなら、次のような人のように見えるだろう。即ち、防御するために、手を前に伸ばすが、時折、危険を見ないでいいように、もう一方の手で目を覆うような人である。

このような人にそなわる他の特徴も、ほとんど共感することはできない。自分自身を信じない人が他の人も信じない傾向があることはよく知られている。しかし、このような態度においては、嫉妬と貪欲という特徴を発達させることを避けることはできない。彼〔女〕らがしばしばその中で生きることになる孤立は、他の人に喜びをもたらしたり、他の人の喜びに与《あずか》る気がないことを意味する。他の人の喜びは、彼〔女〕らには時に苦痛をもたらし、まさにそのことによって、傷つけられたと感じる。このような人は、この感情が人生において揺らぐことがないようにするという仕方で、他の人よりも優れていると感じることに非常にしばしば成功する。自分を優れていると見せたいという憧れの中に、非常に複雑なので、一見したところ、敵意があるとは認められない感情が目覚めてくることがある。

古い心理学派

明確に意識された〔研究の〕方向線がなくても、人間を知ろうとすることはありうる。これは、通常、次のようにして行われる。心の発達の個々の点を取り出し、この点から、指標となるように、タイプを立てることによってである。そのようにして、人間を、例えば、思索者と行動者に分けることができるだろう。前者は、より思索的で熟慮する人、あるいは、より空想に耽って人生に関わることを嫌い、それゆえ、なかなか行動へと向かわない。後者は、より行動的で、あまり熟慮することなく、空想にはあまり耽らず、いつも忙しく働き人生に関わるというふうにである。

たしかに、このようなタイプはある。しかし、これを認めれば、われわれの観察はそこで終わってしまうことになり、他の心理学と同様、一方においては、空想行為が、他方においては、行動力がより強く発達しているということを確かめることで満足しなければならないことになる。これだけでは、結局のところ、十分ではないだろう。われわれが必要なのは、これ以上のことであって、どのようにしてこのようになったのか、そうでなければならなかったのかどうか、どうすれば回避、あるいは変えることができるかについて明確な像を作るということである。それゆえ、このような恣意的で皮相な視点からなされた分類は、たとえこのような種類の分類がわれわれの目につくとしても、合理的な人間知には役に立たないのである。

個人心理学は、表現運動の発展を、その出発点を求められるべきところである最も早期の子ども時代に見てきた。個人心理学はまた、この表現運動がすべて、共同体感覚が優位であることによってその特別の特徴を保持したものか、あるいは、力の追求がより強く表れるようなものか、どちらであるかを確かめてきた。個人心理学は、このことを確認したことで、突然、鍵を所有していることを知った。この鍵を用いれば、当然、非常に広い領域で行動する心理学者にふさわしい慎重な観察のもとにおいてではあるが、どんな人をもかなりはっきりと理解し分類できるのである。われわれは、この自明性を前提として、心の現象は、より高い程度の共同体感覚を保持し、それには力の追求と威信を求める策略はほとんど含まれてはいないか、あるいは、〔逆に〕それが徹底的に野心的な性質であり、それを持っている人にも、あるいは、まわりの人にも、自分がどれほど他の人よりも優れているかを明らかにすることにだけ役立っているかを確かめることができる尺度を獲得する。この土台の上で、一定の性格特徴をよりはっきりと見て、それを判断し、とりわけ、人格の統一性[21]という観点で理解することに成功するのは困難なことではない。同時にまたそれによって人を理解し、人に働きかける手段を与えられることになる。

気質と内分泌

心理学において非常に古い、心の表現形式についての区別は気質である。気質ということで何を理解すべきかということは容易ではない。それは人が考え、話す、あるいは、行為する速さなのか。あるいは、人が投入する力やリズムなのだろうか。気質の本質についての心理学者の説明を遡ると、精神生活を観察する学問は、遠い古代以来、四つの気質の確認を超えていないといわなければならない。気質を多血質、胆汁質、憂鬱質、粘液質に分類することは、古来ギリシアに由来し、そこでは、ヒッポクラテス[22]に受け継がれ、ローマ人[23]によって広められた。今日もなお、心理学においては、畏怖の念を起こさせる聖域となっている。

多血質の人は、一定の生きる喜びを示し、物事をあまり深刻には受け止めず、よくいわれるように、白髪にはなかなかならず、すべてのことから最も美しく、好ましい面を手に入れようとし、悲しい時には、たしかに悲しむが、取り乱すことはなく、他方、嬉しいことがあれば、喜びを感じるが、節度は失わない人と理解されている。このような人について詳細に述べると、明らかになるのは、彼〔女〕らは、大体において健全な人であり、大きな有害な特徴は見出されないということである。他の三つのタイプについては、この最後の点を主張できない。

胆汁質の人が、古い詩人の比喩では、行く手を遮る石を怒りに燃えて脇へと投げ捨てる人であるのに対して、多血質の人は、ゆっくりとそれを超えていく、と叙述されている。個人心理学の言葉に翻訳すると、胆汁質の人は、力を非常に緊張して求めるので、常に大きな動きをしなければならず、力業を生み出し、直接的で攻撃的な態度ですべてのことを乗り越えようとする。この気質は、以前は、胆汁と結びつけられ、胆汁的な気質について語られた。今日も、「胆汁が多すぎる」人について語られる。しかし、実際には、既に子ども時代の早い時期に見られるように、大きな動きをする人で、力の感覚を持っているだけでなく、それを十分に発達させ、証明したいと思うような人である。

憂鬱質の人は、全く違った印象を与える。先に言及された比喩では、このような人は、この〔行く手を遮る〕石を見た時、「自分のあらゆる罪を思い出し」、悲しげに考え込み、引き返すのである。個人心理学は、このタイプに、際立ってためらう人を見る。彼〔女〕らは、困難を克服して前へ進む自信がなく、何か危険を冒すよりは、立ち止まったままか、あるいは、引き返して、自分の道を進むとしても、非常に注意深く進むのである。そこで、このような人は、疑いが優勢になり、大抵、他の人よりも自分のことを考える傾向があり、このタイプの人も、人生の大きな可能性に結びつく点を持たない。彼〔女〕らは自分自身の心配に圧迫され、そのまなざしは、後方にだけか、あるいは、内面にだけ向けられるのである。

総じて、粘液質の人にとって、人生は知らない国のようである。印象を集めるが、そこから特別の結論を引き出さない。もはや何事も印象を与えることはなく、どんなことにも特に興味を持たず、特別の努力もしない。要は、彼〔女〕らも人生と結びつかず、おそらく、最も人生から離れたところに立っているのである。

そこで、多血質の人だけをよい人のタイプとして見ることができる。次のこともいわなければならない。即ち、気質はこのような純粋な形ではめったに見られないということ、見られるのは、大抵、混合形態であるということである。このような事態は、これらの気質〔論〕から、結局、その価値を奪うことになる。また、次のようなことが起こる。様々な気質が互いに交代するのである。そこで、例えば、最初は、胆汁質に見える子どもが、後に、憂鬱質になり、おそらく、最後は、粘液質になる。多血質の人については、なお次のことを確かめなければならない。彼〔女〕らは、子ども時代に劣等感に曝されることが最も少なく、目立った器官劣等性を示したことはなく、どんな強い刺激にも屈服したこともない。そこで、平穏に育ち、人生を愛するようになり、人生に対してしっかりとした足取りで向かうことができたということである。

今や科学が登場し、人間の気質は、内分泌腺に依存する、と説明する。[24] 即ち、医学の新しい発達は、いわゆる内分泌腺の重要性を認めるようになった。これには、とりわけ、甲状腺、脳下垂体、副腎、副甲状腺、そして、生殖腺が属している。これらは腺は排出管を持たず、血液に分泌物を送り込む。

さて、一般の理解は、身体のすべての器官と組織は、これらの分泌物によって影響されるというものである。この分泌物は、血液によって、身体の個々の細胞にまで達し、刺激作用と、いわゆる解毒作用を持っている。したがって、生命の維持に不可欠である。内分泌腺の完全な意味はまだ謎に包まれている。この学問全体はまだ始まったばかりで、完全に確かな事実はまだ与えられていない。しかし、それは心理学の方向を基礎づけ、人間の性格と気質に関して情報を提供できると主張しているので、このことについて、さらにいくつかのことをいわなければならない。

まず最初に重大な疑いを述べなければならない。われわれが、例えば、甲状腺の分泌が不足しているというような真性の病気のケースを見る時、おそらく、粘液質気質を最も示すように見える精神的な兆候も見るということは正しい。なぜなら、このような人が腫れぼったい顔をしており、皮膚が荒れ、毛髪の成長が悪いということは別としても、動作は異常にゆっくりで緩慢であり、精神的な感受性は低く、自発的であることはほとんどないからである。

しかし、これらのケースを、甲状腺の病理学的欠陥を証明することができないのに、われわれが粘液質の気質と特徴づける他のケースと比較する時、これらのケースは先のケースとは全く似ておらず、全く異なった像を見ることになる。そこで、おそらく、甲状腺が血液に送る液の中には、中し分のない精神の機能に役立つ何かがあるということができる。しかし、二つのケースを同一視し、粘液質の気質は、甲状腺の血液への分泌不足によって生じるとまではいうことはできない。

したがって、粘液質者の病理学的タイプは、われわれが生活の中で粘液質者と呼んでいる人とは全く違うのである。後者の気質や性格は、前者とは全く違っていて、しかも、心理学的な前歴によってそのようなのである。つまり、この粘液質の人は、心理学者としてのわれわれにとって問題になるのだが、受動的なタイプではなく、しばしば、この人たちに現れる驚くほど強烈で激しい反応によって驚かされる。生涯を通じて粘液質であるような人は、そもそも存在しない。われわれは、この気質は、非常に感受性の強い人が創り出した強い人為的なベール、安全装置に他ならないことを常に見出す。それは、そのような人が自分と外部世界との間に作ったものであり、それに対しておそらく本源的で、素質に基づく傾向を持ったのだろう。

粘液気質は、防衛機構であり、人生の問いに対する意味のある答えである。この意味で、当然、甲状腺がすべて、あるいは一部除去された人の意味のない遅鈍、緩慢、不完全さとは全く異なったものである。病的な甲状腺分泌を示す人だけが、粘液気質を持つことができることが証明されたとされるケースにおいても、この重要な考察をわれわれは無視することはできないのである。これはすべての事柄の肝心の点ではない。原因と目標の束の全体、器官の活動と外からの作用の総体が重要である。それらは、最初、器官についての劣等感を生み出し、次にそこから個人の試みが始まり、そのうちの一つは、粘液質によって不愉快であったり、自尊感情が傷つくことから守る試みでありうる。しかし、そのことは、いい換えれば、ここでもまたもや、既に述べた、しかし、ここではただ詳述されたタイプを前にすることになる。このタイプにおいては、まさに甲状腺の器官劣等性とその結果が前面に出てくる。彼〔女〕らはこの器官劣等性によって人生において不利な立場を与えられており、それを今や粘液質のような心の技巧によって償おうとしているのである。

われわれはこのような解釈を、他の分泌異常と、それに「属する」気質を考察する時に確かめることになる。そこで、バセドウ病の場合のように、甲状腺分泌の増加を示す人もいる。この病気の人の身体的特徴は、心臓の活動が強められ、とりわけ脈拍数が増え、目が飛び出て甲状腺が腫れ、身体全体、とりわけ、手が弱く、あるいは、強く震えるということである。すぐに汗をかき、消化器官も、おそらく膵臓の影響で、しばしば支障をきたす。また興奮状態も見られ、患者は性急でいらだった性格を見せ、しばしば不安状態に悩む。バセドウ病患者の外見は、まぎれもなく不安な人間の姿を示す。

しかし、これは不安の心理学的像と同じであるという人があれば、大いに誤っているだろう。このようなケースにおいて認めることができる心理学的事実は、既に述べたように、興奮状態であり、ある種の精神的、あるいは、身体的な仕事ができないことと、器質的にも精神的にも規定されている弱さの状態である。しかし、それ以外の性急さ、興奮状態、不安に悩む人と比べれば、大きな違いが見られる。甲状腺機能亢進症の人、甲状腺分泌が多い人について、興奮状態の場合のように慢性的に中毒症状があるといえるのに対して、興奮しやすく、性急にふるまい、すぐに不安に陥る人は、全く異なった状況にあって、彼〔女〕らの精神的な前歴を発展させることができる。そこで甲状腺機能亢進症の人は〔神経症者と〕似ているけれども、性格と気質の〔指標である〕計画性が欠けているのである。

内分泌を伴う他の腺についてもなお言及しなければならない。これらの様々なすべての腺の発達と生殖腺との関連は独特である。[25] この確認は、今日、生物学研究の根本命題になった。同時に生殖腺の異常を見つけることなしに、何らかの腺の異常を見出すことがないほどである。このような劣等性が同時に現れることの依存関係、もしくは理由はまだ確かめられていない。しかし、この腺においても、例えば、先に述べたように、他の心の影響を語ることはできず、この場合も、同じ像、即ち、われわれが以前に知った、器官劣等性のある人の像よりも先に進むことはほとんどできない。器官劣等性のある人は、人生に慣れることが困難であり、その結果、多くの精神的な技巧や安全装置を示すのである。

性格と気質が生殖腺によって影響されていることが見出されたととりわけ信じられている。しかし、一般に人間の生殖腺物質の広範な異常は多くは見られないことを考えれば、このような病的な形態があるところでは、例外のケースが問題になっているといわなければならない。さらに、直接、生殖腺の機能に関連させられ、生殖腺患者の独自な状況から生じたのではないような心像が全く存在しないということを確かめなければならない時、ここでもまたもや心理学的基礎づけの確固とした根拠が欠けているのである。またもや、生殖腺からも一定の、生命力にとって必要な刺激が生じていることを確認できるだけである。この刺激は、子どもをその環境世界の中で基礎づける。しかし、それは他の器官からも受け取ることができるのであり、はっきりとした精神構造に導かれなければならないことはない（カーライル）[26]。

さて、人間を評価する際には、ことのほか扱いにくく困難な課題が問題になっているのであり、誤った場合には、まさに生と死を意味しうるので、ここでは次のようにいって警告しなければならない。即ち、生まれつきの身体の弱さを持って生まれてくる子どもを特別の〔心理的な〕技巧や心の独自な発達へと誘惑するものは大きいが、しかしそれは克服されうるということである。たとえどんな状態にあろうとも、人間に一定の態度を身につけることを強いるような器官はないのである。それはただ誘うのであって、強制とは全く違う。先のような見解があるのは、誰も器官劣等性のある子どもたちに見られる精神発達の困難を終わらせることを最初から考えたことがないからであり、彼〔女〕らを当然の誤りに陥らせるが、眺めているだけで、助けようとも支援しようともしないからである。われわれは、したがって、新しい「素質の心理学」の主張に対して、個人心理学に基礎のある「位置の心理学〔27〕」の正しさを主張しなければならない。

総括

個々の性格特性の考察に移る前に、これまでに得られた観点を手短に繰り返そう。重要な確認は、心的な連関から引き離された個々の現象に基づいては、人間を知ることはできないということである。少なくとも、時間的に可能な限り遠く離れている二つの現象を互いに比較し、いわば共通の名前で結びつけなければならない。この実践的な技法は、非常に有利であることが明らかになった。体系的に活用する際に、より確実な判断へと凝縮する多くの印象を集めることが可能である。このような〔孤立した〕現象を判断の根拠にするのなら、他の心理学者や教育者と同じく困ったことになり、またもや、われわれがいつも役に立たないと見てきた伝統的な手段にとらわれることになるだろう。しかし可能な限り多くの手がかりを獲得し、それらを互いに結びつけることに成功すれば、一つの体系を持つことになり、その力線を自分自身に活用させることができる。その結果、人間について、明らかで統一的な印象を受け取ることになる。〔その時〕われわれは足下にしっかりとした〔科学の〕土台を感じる。当然、人とより近く関わるようになると、判断を多かれ少なかれ修正する必要が生じる。そして、どんな教育的な介入を前にしても、まず最初に、このような仕方で、完全にはっきりとした像を手に入れることはどうしても必要なのである。

このような体系に達するために、様々な手段や方法が検討されてきた。そして、この目的のために、われわれ自身のまわりに見られるような、あるいは、人間の理想像に求めるような現象までもが引き合いに出してこられた。さらに、われわれは、このわれわれによって作られた体系が、決して一定の要素、即ち、社会的な要素を欠いてはならないことを要求してきた。精神生活の現象を、ただ個別のものと見るだけでは十分ではない。むしろ、それを社会的な生との連関において把握しなければならない。そして、特別の、とりわけ、われわれ人間の共生にとって価値のある根本原則として、次のような認識が生じた。人間の性格は、われわれにとって、道徳的判断のための基礎ではなく、いかにこの人間が彼〔女〕の環境世界に働きかけ、それとどのような連関にあるかという社会的認識である。

この思考過程を追求する時、われわれは人間の二つの普遍的な現象にぶつかった。一つは、共同体感覚は普《あまね》く存在するということである。この共同体感覚は人間を互いに結びつけ、文化の偉大な事業を作り出してきた。それは、われわれが精神生活の現象に設定した基準であり、有効な共同体感覚の大きさを確かめることを可能にする。ある人がどのように人間と結びついているか、どのように共同体感覚を表しているか、どのようにそれを実りある生き生きとしたものにしているかを知る時に、人間の心について具象的な印象を手に入れることになるのである。

最終的に、われわれは、次のような確認に到達した。それは、われわれにとって、性格を判断するための二つ目の基準だった。即ち、共同体感覚が最も強く曝される影響力は、力と優越性の追求の動きであるということである。

このような二つの根拠に支えられて、われわれは、人間相互間の違いは、共同体感覚と力の追求の大きさによって規定されることを理解した。これらの要素が互いに影響されるのである。それは力の相互作用であり、それの外的現象が、われわれが性格と呼ぶものである。

第二章　攻撃的な性格特性

虚栄心（野心）

総じて、認められようとする努力が優勢となるや否や、精神生活の中で緊張が高まる。この緊張は、人が力と優越性の目標をよりはっきりと見据え、その目標に、活動を強めて、近づくことを試みるように作用する。そのような人生は、大きな勝利を期待するようになる。このような人は現実との接点を見失うに違いない(1)。なぜなら、人生との連関を失うからであり、常に、〔人に〕どんな印象を与えるか、他の人が自分についてどう考えるかという問いにかかずらうことになるからである。行動の自由は、そのことによって、著しく妨げられることになる。そして、最も頻繁に現れる性格特徴があらわになる。虚栄心である。

どんな人にも、たとえ痕跡だけだとしても、虚栄心はある、といえる。しかし、虚栄心を見せつけることはよい印象を与えないので、大抵は、しっかりと隠されているか、様々な形を取る。ある種の慎み深さを示していても、虚栄心を持っているということがある。人は、虚栄心が非常に強いので、他の人の判断を全く意に介さないか、あるいは、貪欲にそれを得ようとし、自分にとって有利になるように利用しようとする。

虚栄心は、一定の限度を超えると、非常に危険なものになる。それが、実際にあることよりも思われに関わるような、(2)様々な役に立たない仕事や消費へと人を強いるということ、〔他者よりも〕自分のことをより考えさせ、せいぜい、自分について他者がどう判断するかを考えさせるということは別としても、人は、虚栄心によって、容易に現実との接触を失うのである。人間的な連関を理解しないで、人生との連関を持つことなく、とりとめもなく動く。そして、人生が要求していること、人間として〔人生に〕何を与えなければならないかを忘れる。虚栄心は、他の悪徳とは違って、人間のあらゆる自由な発達を妨げる。結局のところ、絶え間なく、自分にとって有利かどうかということばかり考えるからである。

しばしば虚栄心や尊大という言葉の代わりに、美しく響く言葉として「野心」(3)を使うことによって、何とか切り抜けようとすることがある。誇らしげに、いかに自分が野心があるかをいう人が多くいる。時に、たゆまず努力することという概念だけが使われる。これらは公共に役立つ事柄のために有用とされる限り、認められる。しかし、通常、これらの表現は、並外れた虚栄心を覆い隠しているにすぎない。

虚栄心は、早くから、このような人を、正しい遊び仲間ではなく、むしろ、遊びを台無しにする人にする。虚栄心の満足から閉め出されると見れば、しばしば他の人が苦しむことになるように努めるのである。虚栄心が育ちつつある子どもにおいては、危険な状況において、認められたいという欲求を誇示し、弱い子どもに自分の強さを感じさせることを好むということがしばしば見られる。後になって、動物を虐待する人のケースもここに属する。他の、既にいくらか勇気をくじかれた子どもたちは、理解できないような些細なことで虚栄心を満足させようとし、仕事という大きな競技場を離れて、彼〔女〕らの気まぐれが作り出した第二の戦場で、認められたいという欲求を満たそうとする。いかに人生は困難であるか、と嘆き、〔他の〕人はそのことにいくらか責任がある、と主張する人もここで見ることができる。〔自分が受けた〕教育がそれほど悪くなかったなら、あるいは、何か悪いことが起こっていなければ、一番になれただろう、と主張するのである。彼〔女〕の嘆きはこのようなものか、これに似たものである。彼〔女〕らは、人生の前線に引っ張り出されることがないように、常にいい訳を見つけ出す。しかし、いつも彼〔女〕らの夢から、彼〔女〕らの虚栄心の満足を創り出すのである。

その際、仲間は、一般に、このような人とうまくやっていけない。彼〔女〕らはこのような人の批判に大いに曝される。虚栄心のある人は、通常、自分の何らかの失敗の罪を〔他の人に〕肩代わりさせることを試みる。自分は常に正しく、他の人は正しくないのである。しかし、人生においては、正しいということは重要ではない。むしろ、自分の問題を前に進め、他の人の問題を促進することに貢献することが重要なのである。(4)〔しかし〕貢献する代わりに、口から聞こえてくるのは、常に嘆きといい訳だけである。ここでわれわれは、人間精神の技巧、即ち、自分の虚栄心が傷つけられないように、そして、優越感が無傷で、揺らぐことがないように自分を守る試みを問題にしているのである。

人類の偉業は野心がなければなしとげられなかっただろうという反論をしばしば耳にする。しかし、これは誤ってそのように見えているのであり、誤った見方である。虚栄心から自由な人は誰もいないので、おそらく誰もがいくらかはこの傾向を持っている。しかし虚栄心は、たしかに人間に方向を与えてはこなかったし、有用な業績へと導く力を与えてこなかった。そのような業績は、ただ共同体感覚からだけ生じうるのである。天才的な業績は、何らかの仕方で共同体が見据えられていれば可能である。そのための前提は、常に共同体と結びついていること、共同体を進歩させようとする意志である。さもなければ、われわれはこのような業績に価値を認めることはないだろう。その際、虚栄心と結びついていたものは、ただ阻害し、妨害するものであったことは確かである。〔天才的な業績において〕虚栄心の影響は大きなものではありえない。

しかし、われわれの今日の社会的な雰囲気においては、虚栄心と完全に手を切ることはできない。この事実を認識するだけでも既に有益である。なぜなら、そのことによって同時に、われわれの文化の弱点、即ち、非常に多くの人が没落し、生涯にわたって不幸なままであり、不幸が生じる場所にだけ常に見られるようにさせる事実にぶつかることになるからである。他の人とうまくやっていけない人は、人生になじむことができない。なぜなら、それとは別の課題、即ち、自分を実際よりもよく見せるという課題を持っているからである。そこで、彼〔女〕らは容易に現実と衝突する。なぜなら、現実は、誰かが自分自身について持っている高い評価を気にかけないからである。このような人は、虚栄心のためにからかわれるだけだろう。

人間のあらゆる混乱のうち、虚栄心を満足させようとして失敗に終わる試みが、常に最も本質的な要因であると見なされなければならないだろう。複雑な人格を理解するためには、その人の虚栄心の程度、それがどの方向に向かっているか、その際、どんな手段を用いているかを確かめることが重要である。どんなことが見出されることになるにしても、そのことは、いつも虚栄心がいかに共同体感覚を損なっているかを明らかにするだろう。虚栄心と共同体感覚は互いに相容れないものである。虚栄心は、共同体の原理に屈することができないからである。

しかし虚栄心は自分自身のうちに自分の運命を見出す。(5) なぜなら、虚栄心の展開は、共同体の生活において、何ものも抵抗できない絶対の真理として自ずから発展する論理的な根拠によって絶え間なく脅かされるからである。そこで、虚栄心は早い時期から自らを隠し、仮装する必要があること、回り道をしなければならないこと、虚栄心を持っている人も、虚栄心を満足させるのに必要と見えるほど多くの栄光と勝利を獲得するために、勝利を収めることができるだろうかという不安な疑いに満たされていることがわかる。そして、そのように夢を見て熟考している間に、時は過ぎ去るのである。しかし、時が過ぎてしまうと、せいぜい彼〔女〕には今や自分ができたことを示すよい機会はもはやないという言い訳しか残っていない。

通常、このようなケースは次のように起こる。このような人は絶えず特権的な地位を求めるだろう。少し離れて立って観察し、疑い深く、仲間を敵と見なす傾向を持つようになるだろう。防衛と攻撃の立場を取るだろう。論理的であるという印象を与え、正しいと見える思慮深い熟慮を持ちながら、疑いに陥ることがしばしば見られる。しかし、またしても〔自分の〕存在の最も重要なこと、即ち、人生、社会、自分の課題との結びつきを逸するのである。

より仔細に見れば、虚栄心の極み、即ち、すべての人に優越したいという憧れが見られる。これはあらゆる可能な形のうちに反映され、態度や服、話し方や他の人とのつきあい方に現れる。要するに、どこに目を向けても、虚栄心があり、あらゆる人に優ろうと努めている人、大抵、〔そのためには〕手段を選ばない人を見ることになる。この種の外観は、好ましくは見えず、虚栄心のある人は、賢明であれば、共同体とぶつかり矛盾していることにすぐに気づくので、隠す努力をする。その時、ただ自分に虚栄心がないことを示すためにだけ、並外れて控えめな態度を取ったり、身なりにかまわないということが起こりうる。ソクラテスについて次のようなことが報告されている。ソクラテスは、かつて、ぼろぼろの服を着て演壇に上った演説者に大声で叫んだ。「アテナイの若者よ、あらゆる破れ穴から君の虚栄心が顔をのぞかせているぞ[6]」

人はしばしば自分が虚栄心がない、と深く確信している。そこで外観にだけは注目し、虚栄心がずっと深いところにあることを理解していない。虚栄心は、例えば、人が常に大口を叩いたり、絶え間なく話したり、時には集まり〔の価値〕をそこで発言を許されたか、許されなかったかということで判断する時にもありうる。このような人で、目立つことはなく、おそらく集まりへは全く出ないで、それを避ける人もある。このように避けることにも様々な形がある。招待されても、特別に請われるのでなければ行かなかったり、行ってもかなり遅刻する。また、集まりへ行くのは一定の条件下だけで、高慢にも自分を特別に見せる。この特別であることを、時に誇らしげに自分について主張するのである。また別の人は、あらゆる集まりに出席することに野心を示す。

このような現象を重要でない些細なことと解してはならない。深いところに根ざしているのである。実際、このような人は、共同体の生にあまり関心を持っていない。むしろ、それを促進するよりは妨害する傾向がある。このようなタイプのすべてを完全に叙述するためには、われわれの偉大な作家の詩的才能が必要である[7]。

虚栄心においては、あの上に向かう線[8]が見て取れる。この線は、人は自分が不完全であると感じていて、等身大以上の大きな目標を設定し、他の人以上であろうとすることを示している。虚栄心がとりわけ目につく人は自己評価が低い、と推測できるが、そのことについて、大抵自分では何も知らない。おそらく、このような感情が、自分の虚栄心の出発点であることを意識している人もいるだろう。しかし彼〔女〕らにとっては、この認識は、それを実りあるように使えるためには、あまりわずかである。

虚栄心は、人の精神生活において、既に早い時期に発達する。それは元来いつも何か子どもっぽいものと考えられているので、虚栄心のある人は、ほとんどいつも子どもっぽい人に見える。このような性格が形作られることになる状況には様々な種類がある。子どもが、無視されていると信じている場合がある。誤った教育の結果、自分が小さいことをとりわけ重くのしかかるものと感じるからである。また、この高慢な特性が、ある種の家族の伝統によって、子どもたちに生じることがある。このような人については、親が既にこのような「高貴な」特徴を持っており、これが子どもたちを他の人から区別し、際立たせるはずであるということをしばしば聞くことができる。

しかし、このような空虚な努力の下に、自分を特別に優れていると感じる企てが隠されている。自分は他の人とは違っていて、ことのほか優れた家柄の出身であり、より優れた高い要求と感情を持っており、特権に与らなければならないようにほとんど運命づけられている、と思うのである。特権を要求することが、彼〔女〕らに方向を与え、行動様式を導き、表現形式を規定する。しかし、人生は、このようなタイプの人が発達することをあまり優遇しないので、また、このような人は敵視されるか、あるいは、嘲笑されるので、彼〔女〕の多くは、すぐにおどおどして引き下がり、変わり者としての人生を送る。彼〔女〕らは、誰にも責任がない自分の家の中にすわり続けている限りは、〔自分が優れているという〕酩酊の中にあり続けることができ、おそらくは、もしもとにかく何かが違うふうになっていたら、あらゆることができただろう、と考え、その態度が支持されると感じることができただろう。

このようなタイプの人には、しばしば優れた最高の教育を受けた能力のある人が見られる。彼〔女〕らができることを、他者に与えていれば、重要な人であることができたであろう。しかし、彼〔女〕らは、その能力を自らに酔うためにだけ誤用する。彼〔女〕らが社会において積極的に協力することに対して立てる条件は小さなものではない。その条件の一つは、実現不可能な時間への要求に関わる（例えば、以前に一度何かをしていたら、学んでいたら、あるいは、知っていればよかったのに、とか、また、他の人が、何かをしたり、あるいは、しなかったらよかったのに、というようなことである）。あるいは、それは別の理由から実現されない（例えば、男性、あるいは、女性が、私が女性、または男性なら、というようなことである）。それはよい意図を持っていても、実現されえない要求である。そこで、そのことから、ここで問題になっているのは、偽りの口実だけであり、無駄にした時間のことを彼〔女〕が考えなくてもいいように、睡眠薬を作ることに満足しているのと同じであることを知らなければならない。

そこで、このような人には、多くの敵意が隠されており、他者の痛みを軽視し、無視する傾向がある。人間知に優れたラ・ロシュフーコーが[9]、大抵の人についていっているように、他者の苦痛に耐えることは容易なのである。彼〔女〕らの敵意については、しばしば、鋭い批判的な仕方で表現されている。完膚無きまでに打ち負かし、いたるところで、嘲笑と非難を用意して、独善的で、あらゆる人を批判するのである。その際、われわれは、悪を知り、それを非難するだけでは十分ではない、と常にいわなければならない。関係を改善するために、自分自身はそのために何をしたかをいつもたずねなければならないのである。

虚栄心のある人には、無論、弾みをつけて他の人を超え、鋭い批判の溶液で腐食するだけで十分である。その際、このような人には、そのことに信じられないほど習熟していることが、しばしば役に立つ。ここには非常に繊細な機知に富んだ、驚くべき当意即妙さを持ったタイプの人が見られる。偉大な風刺家のように、他の場合と同じく、当意即妙と機知を誤用し、悪習と芸術をそこから創り出すことができるのである。

このような人が絶えず示す軽蔑や侮蔑は、このような性格特徴の人において、いたるところでしばしば見られる現象の表現形式であり、それをわれわれは価値低減傾向[10]と呼んでいる。その傾向は、虚栄心のある人にとって、そもそも何が攻撃点かを示している。他者の価値と重要性である。それは、他者を没落させることで、優越感を創り出す試みである。〔他の人の〕価値を認めることは、彼〔女〕

らにとって、個人的な侮辱のように作用するのである。ここからも彼〔女〕らの中に弱さの感情が深く根づいていることを推測できる。

われわれは皆このような現象を免れていないので、われわれ自身に〔同じ〕基準を当てるために、このような説明をよく利用できる。たとえ何千年もの間、文化がわれわれの中に投げ入れたことのすべてを短時日に根絶することができないとしても、われわれが自分自身を欺かず、すぐに有害であるとわかるような判断に拘束されないのであれば、それでも既に進歩であろう。

他の人とは違う人になったり、あるいは、他の人とは違う人を見つけることを、われわれは憧れない。互いに手を差し出し、団結し、共に働くことが、われわれに課せられた掟である。このような協力が要求される今日のような時代には、個人的な虚栄心を求める努力のための場はもはや存在しない。まさにこのような時代には、そのような立場が巻き込む矛盾は、とりわけ、はなはだしい。このような理解をしている人は、非常に容易に失敗し、結局は、克服されるか、あるいは、同情されなければならないからである。まさに、われわれの時代は、虚栄心にとっては、ことのほか不利であるように思える。それゆえ、せめて次のような内容のよりよい形式が見出されなければならない。即ち、人は自分の虚栄心を少なくとも公共に有用であるところで満足させることを試みるということである。

虚栄心がしばしばどんな仕方で作用するかは次の事例が示している。多くのきょうだいの中の末子である若い女性が、幼い頃から甘やかされてきた。とりわけ母親がいつも彼女の面倒を見て、彼女のどんな願いもかなえた。そのことで、身体も弱かったこの末っ子の要求は、途方もないものになった。ある日、まわりの人への力は、時々病気になると、ことのほか強くなることを発見した。そして、彼女の病気はすぐに注目に値する財産であることがわかった。

健康な人は病気に対して普通嫌悪感を持つが、彼女は持たなかった。時折、具合が悪くなることは、もはや全く不快なことではなくなった。やがて、いつでも病気になること、とりわけ、何か要求を押し通したい時に病気になることに習熟した。しかし、いつも何かの要求を押し通したいので、他の人にはいつも病気であるように見えた。子どもにも大人にも見られるこのような病感[11]の形は、非常によく見られる。それによって力が増すのを感じ、このようにして他者を無制限に支配するために、家族の頂点にまで昇りつめるのである。繊細で弱い人であれば、なおさら、この可能性は途方もなく広まり、当然、自分の健康に対する他者の心配を既に十分味わったまさにこのような人は、この方法を知ることになるのである。

その際、少しだけこの方法を後押しすることができる。例えば、あまり食事を取らなくなるようにするのである。そのことで、より多くのことを達成できる。具合が悪そうに見えれば、他の人は料理の腕を磨かなければならない。その際、常に誰かに近くにいてほしいと願うようになる。このような人は、一人にされることに耐えられない。病気であるとか、何らかの仕方で脅かされていると宣言すれば、このような状態を容易に手に入れることができるが、またもや危険な状況に、例えば、共感によって病気や他の困難へと身を置くしかないのである。人がどれほど共感の能力があるかは、あたかも一定の状況が現実に存在するかのような印象を持つ夢が示す。

今やこのような人は、この病感を呼び覚ますことに成功する。しかも嘘、偽装、あるいは、妄想が全く問題にならない仕方においてである。われわれは、状況への共感が、この状況が現実に存在することに対応する作用を持ちうるということを既に知っている。[12] このような人は、例えば、あたかも吐き気や危険が存在するかのように、実際に吐き、不安を持つことができる。通常、彼〔女〕らは、いかにこのことをするかも漏らす。そこで、この女性は、時々「次の瞬間に卒倒するかのように」不安になった。そのことをはっきりと空想でき、実際にバランスを失うので、これは想像だとか、仮病だとかいうことができないような人がいる。このようにして、病気の他の兆候や、少なくとも、神経症の兆候を認めさせることに成功すれば、まわりの人はそばにいて、注意し、面倒を見なければならなくなる。即ち、このことは、まわりの人の共同体感覚を要求する。そのことで、このような患者の権力のある地位が基礎づけられるのである。[13]

このような状況では、仲間に十分な顧慮を要求する共同体の法との矛盾が明らかになる。このような人は、通常、仲間の幸福や苦しみに注目することがなかなかできず、仲間を傷つけないようにしたり、ましてや、援助することができないことが見られる。おそらく、彼〔女〕らもこのことを、教養や教育のすべてを動員すれば、なしうるか、あるいは、大抵の場合がそうであるように、仲間のことをとりわけ心配しているかのような印象を与えることはできる。しかし、彼〔女〕らの根底にあるのは、自己愛と虚栄心に他ならないのである。

われわれのケースもそのようだった。われわれの患者の親族に対する心配は、見たところ、限りないものだった。母親が朝食を彼女の部屋に持ってくるのが半時間遅れただけで、彼女は大きな不安に襲われた。そうなると、夫を起こし、母親が無事であることを確かめるまでは、落ち着くことができなかった。長い間に、母親がいつも時間通りにやってくることに慣れてしまっていたのである。夫に対しても、事情はあまり違わなかった。彼は、ビジネスマンとして、客や得意先に一定の配慮をしなければならなかったのだが、決まった時間よりも遅く帰宅した時はいつも妻は取り乱していて、時に、不安で汗びっしょりだった。要は、彼が見たのは、どれほど恐ろしい苦しみに耐えたかを語る痛ましい姿だった。そこで、このような状況では、彼もまた時間に正確であるしかなかった。

多くの人は、おそらく、この女性がこのように行動しても、そこから得られるものは何もなく、大きな勝利ではないではないか、と反論するだろう。しかし、これは全体の小さな一部でしかないということ、人生のあらゆる関係に対する「注意しろ」であるということ、このようにして、他者の調教が始められ行われるということ、さらに、この女性は抑えられない支配欲で満ちており、それを満足させることに自分の虚栄心も見出しているということを考えれば、さらにこのような人が、自分の意志を押し通すために、どれだけの犠牲を払うかを熟慮すれば、この女性にとっては、このような態度が既に不可欠のものになっていることを理解することができる。彼女は自分の言葉が無条件に、時間通りに守られなければ、穏やかに生きることはできないだろう。しかし〔結婚という〕共同生活は、夫が時間通りに帰ってくることだけにあるのではないのに、この女性の命令的態度によって規定され、命令を不安状態で支援するさらに他の何千という関係があるのである。彼女は、非常に不安になるので、まわりの人は、彼女に無条件に従わなければならない。それゆえ、心配は、虚栄心を満足させる手段であることがわかる。(14)

この態度は、ある人にとって、自分の意志を押し通すことが、事柄それ自体よりも重要であるというところまで行く。このことを六歳の少女のケースが示している。彼女は手に負えないほどわがままだったので、思いついたことをなしとげることばかりいつも考えていた。そして、自分の力を示そうとし、その際、たとえ何が結果として生じても、他の人を支配しようと努めた。どうすればいいかわかっていれば、喜んで娘と仲良くなりたいと思っていた母親は、ある時、大好きな料理で娘を驚かせようとした。それを彼女のところへ持って行くとこういった。「あなたがこれが好きだと知っていたので、これを持ってきたのよ」。少女は、その菓子を床に投げ、足で踏みつけて叫んだ。「ママが持ってきたから、ほしくない。私がほしいから、ほしいの」。別の時、母親が娘はおやつの時間に何がほしいのだろう、コーヒー、それともミルクか、といっているのを聞いた娘は、ドアのところに立って、はっきりと聞き取れるように、つぶやいた。「ママがミルクといったら、コーヒーを飲もう、コーヒーといったら、ミルクを飲もう」と。

この子どもははっきりとものをいった。しかし多くの子どもにも、口に出してはいわないけれども、何かこのような傾向があり、それゆえ、たとえ何の益を受けなくても、それどころか、害を受けることがあったとしても、自分の意志を途方もないエネルギーで押し通そうとするということを忘れないようにしよう。このような子どもは、大抵、何らかの仕方で、自分の思いが叶えられたのである。そのことのきっかけは今日いくらでもある。その結果、大人の間でも、仲間を援助しようと努めるよりは、自分の意志を押し通そうとする人がずっと多い。多くの人は、虚栄心が高じて、他の人が勧めたことは、たとえそれが当たり前のことや、自分の幸福になることであっても、できないということになる。話をする時、いつでも反論を始められる瞬間を待っている人もいる。多くの人の場合、彼〔女〕らの意志は虚栄心によって非常に刺激を受けているので、「はい」といいたい時でも「いいえ」というのである。

自分の意志を押し通すことは、元来、家庭の中でのみ成功することであるが、時には家庭においても成功しないことがある。このようなタイプには、知らない人と交際する時は、しばしば、非常に愛すべきで控えめであるという印象を与える人が属している。無論、このような交際は長くは続かず、すぐに終わるだろう。おそらくは、強く求められてもいなかったのである。しかし、人生はとにかく人を結びつけるようなものなので、あらゆる人の心をとらえるが、心をとらえるとすぐに再び見捨てる人を時に見ることができる。

このような人は、いつも自分を家族の範囲に限ろうと努める。われわれの患者もそのようだった。家族の外では愛想がよかったので、彼女はどこでも愛された。しかし、そこから出て行っても、すぐに帰ってきた。何度も家族のところへ帰ってこようと努めることは、彼女の場合、様々な方法で見られた。人の集まりへ行くと、頭痛がするので、家に帰らなければならなくなった。なぜなら、人の集まりの中では、絶対の優越感を家庭の中におけるのと同じ程度では持てなかったからである。(15)

そこで、この女性は彼女の人生課題、即ち、虚栄心の〔満足の〕問題を家庭の中でしか解決できなかったので、彼女を家庭へと追い返す何か、家庭の外で彼女を悩ます何かが起こらなければならなかった。ついには、知らない人の間にいると、いつも不安になり、興奮状態になるまでになった。もはや劇場に行くことはできなくなり、そもそも通りに出て行くこともできなくなった。外では他の人がもはや彼女の意志に屈することはない、と感じたからである。彼女が求めた状況は、家庭の外では、とりわけ通りでは、見出すことはできなかった。このことから、彼女が彼女の「宮廷」のお供なしでは外に出て行こうとしないことが説明できる。それが、元来、彼女が愛した理想的な状況でもあった。即ち、絶えず彼女の相手をしてくれる人をまわりに持つということである。診察では、彼女がこのライフスタイルを子ども時代の早くから持っていたことが明らかになった。

彼女は末っ子で、身体が弱く、病気がちで、それゆえ、他のきょうだいよりもずっと暖かく扱われなければならなかった。彼女はこの甘やかしの状況をしっかりと保持し、このような仕方で矛盾に落ち込んだ人生の制約を煩わしく感じるということがなければ、生涯にわたってこの甘やかしの状況をしっかりと保持しただろう。彼女の動揺と不安は非常に激しいものだったので、誰もそれが詐病であると疑うことはできなかったのだが、その動揺と不安が、彼女の虚栄心の問題を解決する際に誤った道に陥っていることを明らかにしたのである。解決が誤っていたというのは、彼女には共同体の生の制約[16]に従う意志がなかったからである。ついには、彼女を苦しめる現象はあまりにひどくなったので、医師にかかることになった。

彼女が長年の間に築いたライフスタイルの全体が、今やゆっくりと明らかにされなければならなかった。彼女は医師の診察を受けたが、心の最も深いところではライフスタイルを変える用意ができていなかったことから、明らかに大きな矛盾を克服しなければならなかった。彼女は、家庭ではさらに支配し、通りでは不安な状態に悩まされないことを望んだ。しかし、一方の代償なしに他方を持つことはできない。自分自身の無意識のライフスタイルの捕虜であり、それの長所を享受したいと思ったが、それの短所を怖れていたことを彼女に示すことができた。

この例において、強い虚栄心は、どれも人生全体に負担となり、人間の進歩を阻害し、ついには、破滅をもたらすことがはっきりと示されている。この連関を見る目は、長所にのみ向けられる限りは曇らされる。それゆえ、非常に多くの人は、野心は、より正確には、虚栄心は、価値のある性質であることを確信しているが、この特徴が、人を絶えず不満足にし、安心と睡眠を人から奪うことに気づいていないのである。

さらに別の例をあげよう。二十五歳の男性が彼にとって最後の試験をまさに受けることになっていた。しかし、試験を受けなかった。突然、すべてのことに関心をなくしてしまったからである。苦しい気分に悩まされ、自分自身を酷評し、無能力になったという考えを絶えず持つようになった。子ども時代のことを思い出して、両親を激しく非難した。両親の無理解が、彼の成長を妨げたというのである。このような気分の中で、人間は、元来、無価値で、彼には関心のないものだ、と時折考えるようになった。このような考えが、ついには彼を孤立へと追いやった。

ここでも、虚栄心が、隠された推進力であることがわかった。虚栄心が、能力を試さなくてもいいように口実といい訳を吹きこむのである。なぜなら、まさに試験の前になって、この考えが彼を襲い、この極度の緊張と嫌気が彼に向けられ、彼を無能力にした。しかし、これらすべてのことは、彼にとっては、決定的な意味を持っていた。今や何もしなくても、彼の自尊心は救われたからであり、彼は救命布を持っており、批判されることはなかったからである。彼は、病気であり、暗い運命によって無能力になったと考えることで自分を慰めることができたのである。

自分を曝すことを許さないこのような態度の中に別の形の虚栄心が見られる。自分の能力について決定する時が近づくと、まさにその瞬間に、虚栄心が方向を変えさせるのである。彼は、失敗すれば失うことになるかもしれない栄光のことを考え、自分の能力を疑い始める。これが決心することができないすべての人の秘密である。われわれの患者もこの種類の人間に属している。彼の報告から、彼がいつもそのようだったことがわかった。即ち、決心する時が近づくと決心がぐらつくのである。動きの線と歩みに取り組んでいるわれわれにとっては、これはまさしく、歩みを緩めること、立ち止まることを意味する。

彼は第一子で、妹が四人いる。そしてただ一人、大学で学ぶことが決まっていて、大きな期待がかけられたいわば希望の星だった。父親は、彼の野心を大いに刺激し、何でもなしとげることができると常に予言することを止めなかった。そこで、彼はすぐに他の人よりも偉くなることだけをしっかりとした目標にするようになった。〔しかし〕今や、すべて何でもなしとげることができるのだろうかという不安にとらえられた。そこで、彼の虚栄心が彼を退却することを強いたのである。

そのようにして、野心と虚栄心の原理が発達するにつれて、いかに賽が自ら投げられ、それ以上進めなくなるかが示される。虚栄心は、共同体感覚と解決不可能な矛盾に陥り、そこからはいかなる出口もない。それにもかかわらず、われわれは虚栄心のある人が、子どもの頃から何度も繰り返し共同体感覚を突破して、自分自身の道を進もうとするのを見る。そのような人は、自分の空想に従って街の計画を立て、その地図を持ってこの街の中を歩きまわり、自分がこのわがままな地図に描いた場所であらゆるものを探す人に似ている。当然、探しているものは見つからないが、現実にその[17]ことの責任を求める。虚栄心のある、わがままな人間の運命はおよそこのようなものである。彼〔女〕は、仲間とのあらゆる関係において、自分の原理を、力ずくで、あるいは、策略と企みを用いて押し通そうとし、常に他者を悪者に仕立て上げ、欠点を証明する機会を待ち構える。そして、自分が他の人より賢いか、あるいは優れていることを少なくとも自分自身に証明できることにひとたび成功すれば、幸福なのである。その際、他の人はそのことに気をとめることなく闘いに応じる。この闘いはしばらく続き、虚栄心のある人が勝利することもあれば、敗北で終わることもあるが、彼〔女〕らにとっては、常に自分が優れていて正しいと意識して終わるのである。

これは安価な手品である。それでも、誰もがこのようにして、自分にとって好ましいことを空想できる。そこで、われわれのケースのように、人が勉強をしなければならなくなって、本の知恵に屈服したり、あるいは、自分の能力の本当の状態をはっきりと示すような試験を受けなければならない人が、自分が全く十分ではないことを意識することになる。自分のものの見方は誤っているが、その見方から状況を過大評価し、今や彼の人生の幸福と意味の全体が危険に曝されているかのように理解するのである。そして、誰も耐えることができない緊張に必ず陥ることになる。

誰かと会うことも、大きな特別の出来事になる。どんな関わりも言葉も、自分の勝利、あるいは、敗北の観点から、都合よく解釈され、評価される。それは絶え間のない闘いであり、虚栄心、野心、そして自惚れをライフスタイルにした人を絶えず新しい困難へと向かわせ、人生の真の喜びを奪う。なぜなら、この喜びは、この人生の諸条件が肯定された時にだけ持つことができるからである。しかしそれらが脇へとやられ、喜びや幸福へと至る道を自ら閉ざしてしまうと、他の人には満足や人生の幸福を意味するすべてのことが自分には拒まれている、と思うだろう。せいぜいできるのは他の人よりも卓越し、優れていることを夢見ることだけだが、そのようなことはどこでもどんな仕方でも実現されることはない。

たとえ〔実際に〕優れているとしても、自分の価値に異議を唱えることに満足する人は多くいるだろう。それを防ぐ手立てはない。自分が優れていることを認めるよう誰にも強いることはできないからである。残っているのは、自分自身についての自分自身による、自惚れた、不確かな判断だけである。このようであれば、真の成功を目指したり、あるいは、仲間を援助することは困難である。その際、誰も勝つことはなく、すべての人が常に攻撃の的であり、絶え間なく破壊に曝されている。このような人はいつも立派で優越しているように見えるという大いに努力を要する課題に専念しているかのようである。

人間の価値が、他の人を援助することによって正当化される時には、事情は違ってくる。その時、価値は全く自然にそなわることになり、たとえ異議が唱えられたとしても、全く力を持たない。その人自身は平静でいることができる。なぜなら、すべてのことを虚栄心に賭けてこなかったからである。〔虚栄心のある人にとっては〕自分自身の人格にまなざしを向けられることだけが重要である。絶えず自分の人格を高めようとしているからである。虚栄心のある人の役割は、常に期待する人、取る人の役割である。このような人に、発達した共同体感覚を示し、何を与えることができるかという口にはされない問いを持って生きるタイプの人と鋭く対比すれば、すぐに大きな価値の違いを認めることになるだろう。

こうして人が既に何千年も前から非常に確実に予感してきた立場に到達する。それは「受けるよりも与えることが幸いである」[18]という知恵のある聖書の言葉の中に表現されている。われわれが今日、非常に古くからの人類が体験したことの表現であるこの言葉の意味を熟慮する時、ここで意味されているのは、与えること、つくすこと、援助するという気分であることがわかる。それは精神生活の均衡と調和を自ずともたらす。与える人に自ずと生じる神々からの贈り物のようなものである。

他方、取ることに心が向いている人は、大抵ぼんやりしていて満足せず、完全に幸福になるためには、この上さらに何をしなければならないかとか、手に入れないといけないかという考えに絶えずとらわれている[19]。そのまなざしは決して他の人の欲求や必要に向けられないので、他の人の不幸は自分の幸福に見え、そのような人には、和解による平和を考える余地はない。彼〔女〕は自分のわがままが作り出した法律に他の人が屈することを過酷に要求し、実際に存在するのとは違う宇宙や、思考、感情を要求する。要は、彼〔女〕の不満と不遜は、われわれが彼〔女〕に見出すすべてのことと同様、途方もなく大きいのである。

虚栄心の他の純粋に外的で原始的な現象形態をわれわれは次のような人に見る。もったいぶって極端な服装をしたり、めかし屋のように着飾り、そうすることで目立った仕方で他の人の目を引こうとする人である。これは昔、人々が飾り立てたり、原始民族が今日でも、例えば、自分の人生の誇りとなるように髪に長い羽をつけるのと似ている。いつも美しく、最新の流行の服を着て出かけることに最高の満足を見出す人は多い。このような種類の人が身につける肖像画や装身具も、同様に彼〔女〕らの虚栄心を示している。これは厳しい標語や闘いの象徴、あるいは、実際に操作した武器が、時に敵を脅かすのと同じである。時に、それは、特に男性の場合、エロティックな起源の像だったり、入れ墨のようなわれわれに卑猥な感じを起こさせる模様である。

このようなものを見ると、われわれは常に、恥知らずであっても、がつがつした努力、虚勢を張っているという感じを受ける。なぜなら、恥知らずにふるまう時、多くの人には、一種の偉大さと優越性の感じを与えるからである。冷酷、非情で、頑固さや閉鎖性を表す時に、このような感じを受ける人もある。それも時に見せかけにすぎないこともある。実際には、粗暴や粗野な騎士道は見せかけでしかない、元来は、容易に感動するような人なのである。とりわけ、男の子にはしばしば共同体感覚の欠如、つまりは共同体感覚への敵対的な態度が見られる。このような種類の虚栄心に駆られた人、他の人を苦しめる役割を好んで演じる人において、この感情に訴えることは、なしうる最も間違ったことである。なぜなら、そうすることは、彼〔女〕らをさらに刺激し、態度を硬化させるだけだからである。通常、このような場合、誰かが、例えば、両親が訴えながら近づいて苦痛〔を被ったこと〕を打ち明けると、このようにして両親が向き合う子どもは、親が痛みを表明することからまさに優越感を引き出すことになる。

虚栄心が仮面をつけるのを好むということは、既に述べた。虚栄心のある人は、大抵、他者を支配できるために、他者を自分のもとにつなぎとめておくべくとらえておくことを強いられる。それゆえ、ある人の愛想のよさ、友好的なこと、親切にとらわれてはならない。そのようであっても、そのような人が、他者より上に立ち、支配しようと努める闘う人、攻撃する人であることに欺かれてはならない。というのは、このような闘いの第一の局面は、おそらく、敵〔である相手〕を説得し、相手が用心を断念するところまで持って行くことであるに違いないからである。友好的に受け入れるという、この第一の局面においては、この人は多くの共同体感覚を持った人であると信じたくなる。しかし、続く第二幕では、これが誤りであることがわかる。このような人について、人を失望させた、とか、二つの心を持っているとよくいわれる。しかし、それは、一つの心でしかないのであって、最初は愛想がよいが、後に闘争的になるのである。

この取り入る最初の態度は、そこから一種の魂をとらえる人が生じるまでになる。このような人は、しばしば極度に献身する特徴を示す。これだけが既に彼〔女〕らにとってほとんど勝利である。彼〔女〕

らは最も純粋な人の道について語ることができ、見たところは、行為によってもそのことを証明することができる。しかし、それを当てつけがましい方法で行うので、〔人間知の〕専門家は用心する。イタリアの犯罪心理学者がかつてこのようにいった。「人の理想的な態度が一定の限度を超えたり、善意や同情心が人目について形を取ると、信じないことが最も適切である」。当然、この理解にも注意深くならなければならないが、この観点が理論的にも実践的にも基礎づけられているという認識に目を閉ざすことはできない。ゲーテも彼の『ヴェネチア短唱』[20]の中でこの考えに近づいている。

三十歳で熱狂者はすべて十字架にかけよ
かつて欺かれた者も世界を知れば
ならず者になる

一般に、このタイプは大抵容易に知られる。機嫌を取る人は好まれず、嫌悪を催させうる。そして、このような人はすぐに用心されるようになる。それゆえ、野心のある人は、このような手段を使うことを思いとどまるように忠告されるべきだろう。このような道を行かず、まっすぐに歩くのがよい。

われわれは既に総論から精神的な失敗が発展しうる状況を知っている。教育的な困難は、このような場合、まわりの世界に対して闘争的な立場にある子どもたちが問題になっていることにある。教育者はせいぜい人生の論理において基礎づけられた義務を知っているだけだが、われわれはこの論理を子どもに対しても義務にする可能性を持っていない。唯一の道は、闘う状況を可能な限り避けることだろう。このことは、子どもを客体としてではなく、主体として、[21]完全に同じ権利を持った仲間と見なして扱う時に、おそらく最善の仕方で達成できるだろう。その時、子どもたちが圧迫感と冷遇されているという感覚によって闘いの立場に入るということは容易には起こらないだろう。われわれの文化においては、この闘いの立場から、この誤った野心が自動的に発達し、それはわれわれの思考、行動、性格特徴のすべてに様々な程度と量において混ぜ合わされ、いつも人生を困難にするきっかけとなり、時に、最も困難な混乱、敗北、そして人格の崩壊へと導くことになるのである。

神に似る

非常に特徴的なことは、われわれがそこから元来まず最初に人間知を汲み出す源泉、即ち、おとぎ話には、われわれに虚栄心とその危険を示す多くの例が見られるということである。虚栄心の制御されない発達とそれに結びつけられる自動的な崩壊をとりわけ劇的な方法ではっきりと見せるおとぎ話に言及しなければならない。それはアンデルセンの『酢の壺』という童話である。[22]漁師が魚を逃がした。魚は彼にお返しとして願い事をいうようにという。その願いは成就される。しかし、漁師の妻は満足しない。彼女は野心があり、伯爵夫人、女王、ついには自ら神になりたいと願い、夫を何度も繰り返し魚のところへとやった。魚はついに最後の願いに腹を立て、漁師を永遠に見放した。

野心が膨らんでいく時、一番外側の限界というものはない。おとぎ話においても、現実においても、また、虚栄心のある人の加熱した精神生活においても、力の追求が強化され一種の神の理想に至ることが見られるのは興味深い。このような人は、少し調べれば、このような種類の最も困難なケースにおけるように、自分が神であるか、神の地位にあるかのようにふるまうか、あるいは、神にしか成就できないような願いと目標を持っているということがしばしば見られる。この現象、即ち、神に似ようとする努力は、自分の人格の限界を上回ろうという人に見られる極限の傾向である。

この傾向は、まさにわれわれの時代において、非常に顕著である。心霊術とテレパシーのまわりに集まるあらゆる努力と関心は、自分に与えられた限界を出て行きたくてたまらない人に見られる。そのような人は、人間が所有していない力を持ちたいと思い、時に、時間と空間を無視し、例えば、死んだ人と結びつくことを試みることで、時間〔と空間〕を超えたいと思う。

より深く探求すれば、大部分の人が、少なくとも神の近くに小さな場所を確保する傾向を持っていることが見られる。まだ多くの学校の教育目標は、人間を神に似せることである。以前は、それはあらゆる宗教教育の規範だった。そこから生じた結果は戦慄することなしに確かめることはできない。そしてより支えとなる力のある理想を探さなければならないことは理解できる。しかしこの傾向が人間に深く根ざしていることも理解できる。心理学的な根拠は別として、ここでも、次の事情が大きな役割を演じている。即ち、人類の大部分が、人間の本質についての最初の認識を、人間は神の似姿に従って創られたという聖書の言葉から得ているのである[23]。これは子どもの魂の中に重要で、しばしば重大な効果を持つ印象を残す。聖書は、当然、すばらしい作品であり、理解できるところまで成長すればすぐに、常に驚嘆して読まれることになる。しかし、子どもにも読ませようとするならば、その際、少なくとも注釈を加えなければならない。それは、子どもたちが謙虚であることを学び、ありとあらゆる魔法の力を期待することがないためにであり、神の似姿に従って作られたからといって、すべてが思うようになるという要求をしないためである。

逸楽郷[24]という理想もこれと近いものであり、非常にしばしば見られる。そこでは、どんな願いも叶えられる。子どもたちは、このようなおとぎ話の像をおそらく決して現実と見なさないだろう。しかし、子どもたちが魔法に対して恐るべき関心を持っていることを考えると、子どもたちがこの方向であれこれ思案し、それに没頭するように誘惑されていることは疑いない。魔法とそれを他の人にかけるという考えは、人間に非常に強く現れ、しばしば高齢になっても失われることはない。

ある意味で、おそらく、まだ誰も似たような考え方から自由ではない。女性が男性に及ぼす魔法的な力についての考えや感じもそのようである。女性の持つ魔法の力に曝されているかのようにふるまう人はまだ多く見られる。このように考えると、われわれはこのような信仰が、女性がきわめてくだらないきっかけから魔法使いや魔女と見なされるという危険に陥るところまで広く行き渡った時代を思い出す。このことは、全ヨーロッパに悪夢のようにのしかかり、その運命を部分的に規定した。なぜなら、何百万人という女性がこの狂気の犠牲になったことを思うと、これはただ些細な過失ということはできず、これと比較できるのは、宗教裁判や世界大戦だけだからである。

神に似ようとする努力の過程で、次のような現象にも会う。即ち、宗教的な欲求の満足を、誤用した仕方で、神に似ようとすることで虚栄心を満足させることにだけ見出すことで求めることがあるということである。とりわけ、例えば、精神的に挫折した人にとって、他のすべての人から離れて、神と結びつき、神と対話したり敬虔な行為や祈りによって、神の意志を自分自身が必要とする方向へと導くことができると感じたり、神と互いに汝と呼び合って交わることができ、このようにして神の近くにあると感じることが、どれほど重要なことになりうるかを考えてみよ。このような現象は、時に、真の宗教性と呼ばれることとは遠く離れているので、病的な印象を与える。そこで、例えば、人が眠る前に何かお祈りをしなければ眠れない、なぜなら、そうしなければ、誰か遠くにいる人に不幸が起こると話す時、このような言葉を否定的にとらえて理解すれば初めて、すべてがはったりであることがわかる。私がこの祈りをすれば、彼〔女〕には何も起こらない、というわけである。このようにして人は容易に自分に魔法の力がある、と感じることになる。なぜなら、このような人は、実際に他の人にとっての不幸を指定された時まで防止することに成功するからである。このような人の日々の白日夢においても、彼〔女〕らはすべての人間的な基準を超えていることがわかる。そここでは空虚な策略と行動があらわになる。それらは事物の現実的な本質を何一つ変えることはできず、ただ空想の中で何かを構成し、そのような空想をする人が現実と親しくなることを妨げるだけである。

われわれの文化においては、無論、時に魔法が働いていると感じられるような事柄が役割を演じることがある。それはお金である。多くの人は、お金があれば何でもできる、と考えている。そこで、野心と虚栄心〔のある人〕が、何らかの仕方で、お金と財産にとりつかれていることは、驚くに当たらない。絶え間なく、病的な、あるいは人種的な根拠があると考えられるほど所有を追求する努力も理解できる。しかし、このような現象も、虚栄心以外の何ものでもない。虚栄心は、人が、この魔法の力によっても何かを手に入れ、そのことで自分を偉いと感じるために、ますます力を奮い起こそうとするように仕向けるのである。このように非常に富んだ人の一人で、既にもともと十分所有しているはずなのに、ますますお金を追い求めた人が、最初困惑した後で、ついに告白した。「知っていますか。私を繰り返し新たに引きつけるのが力ですよ」。この人は、そのことを意識していたが、多くの人はそのことを知ろうとはしない。力の所有は、今日、お金と所有に大いに結びついており、富と所有を追求することは、多くの人には非常に当然のことに思えるので、人は、もはやいかにお金を追い求めるこれほど多くの人が、他ならぬ虚栄心に駆られているということに全く気づいていない。

最後に、さらにもう一つのケースを報告しよう。これはわれわれに細かいことのすべてをもう一度示すことができ、同時に、虚栄心が大きな役割を演じる他の現象の理解にわれわれを近づける。それは不良化の状態である。ここで問題となっているのは姉と弟のケースである。弟は無能力と見なされ、他方、姉は非常に有能であると評判だった。弟は、姉との競争にもはや耐えられなくなった時、競争することを諦めた。彼は初めから冷遇されており、まわりの人が困難を取り除こうと試みたけれども、それでも変わることなく大きな重荷が覆い被さった。それは、彼にとっては、自分は無能力であるという見かけ上の認識を意味した(25)。即ち、子ども時代から、姉は人生の困難をいつも容易に克服することができるが、他方、彼は重要ではないことにしか適していないと吹き込まれてきたのである。そこで、彼は、姉が有利な地位にいることによって、自分は十分ではないと思わされてきたが、実際のところは、そうではなかった。

彼は、この大きな重荷を背負って学校に入った。そこで悲観的に考える子どもとして道を歩き通したが、自分が無能であることを告白することは、どんな犠牲を払っても避けようとした。歳を重ねるにつれて、もはや愚かな若者の役を務めることを強いられるのではなく、大人として扱われたいという憧れも大きくなった。十四歳になる頃には、しばしば大人の集まりに出るようになった。〔しかし〕強い劣等感は、彼にとって、永遠の棘であり、彼を絶え間なく、どうすれば今や大人の男性としてふるまえるかを深く考えるように駆り立てた。

ところがある時、彼は、売春の世界に入り、それ以来、そこに留まった。それにはお金を使うことが結びついていたが、自己顕示欲が強く、父親からお金を要求することに耐えられなかったので、父親からお金を盗む機会をうかがうようになった。この盗むという行為は彼を苦しめなかった。彼が語るところでは、その時、父親の金庫を自由にできる偉大な人間である、と思えたのである。この行為は、ある時、学校で大きな失敗によって脅かされる時まで続いた。落第することは、彼にとって、彼の無能力の証明であり、それをいかなる場合も許すことができなかったであろう。その時、次のような現象が起こった。

突然、良心の疚《やま》しさに襲われ、それは、ついには彼を非常に圧迫したので、彼が勉強することを完全に阻んだのである。そのことによって、状況は彼にとってよくなった。今や、落第しても、自分にとっても、他の人にとっても、いい訳ができたからである。良心の疚しさに苛まれ、このような立場にあれば、他の誰でも落第するであろう、といえたのである。勉強する時には、強度の放心が妨げ、それが彼を絶え間なく他のことを考えるようにした。そのようにして、日中の時間が過ぎ、夜になった。勉強したいと思いながら、疲れ果てて眠った。実際には、彼は宿題のことには全く関心がなかったのである。続いて起こったことも、彼が自分の役割を果たすのを助けた。

彼は時間通りに早く起きなければならなかった。そこで一日中、眠くて疲れており、ついには、全く注意を集中できなくなった。このような人間であれば、誰も自分に有能な姉と競争することを要求できない、と考えた。彼の無能力ではなく、後悔、良心の疚しさという致命的な随伴現象に責任があり、それが彼を安楽にはさせなかった。そのようにして、彼は元来あらゆることに武装しており、あらゆる面で守っていたので、何も起こりえなかった。失敗しても、情状酌量する理由を持っていたので、誰も彼が無能力であるとはいえなかった。しかし成功すれば、それは人が彼に認めようとしなかった才能の証明にすぎなかった。

虚栄心は、このような飛躍に人を導く。このケースにおいては、いかに人がただ誤って思い込んでいるが実際にはそうではない無能力(26)を隠すためだけに非行に走る危険を冒すところまで達しうるかがわかる。このような混乱や虚栄心が、人間の生活を混乱、逸脱させ、人間から無邪気を奪い、人間としての喜び、生きる喜び、幸福を奪う。仔細に見れば、背後に隠れているのは、つまらない誤謬以外の何ものでもない。

嫉妬

しばしば見られるのでわれわれの注目を引きつける特徴は、嫉妬である。愛の関係における嫉妬を意味しているだけではなく、他のすべての人間の関係においても見ることができる嫉妬であり、とりわけ、子ども時代には、きょうだいが、他のきょうだいよりも優るために、野心の感情と共に、このような嫉妬も自らの内に発達させ、そうすることで、敵対的で、闘争的な立場を示す。冷遇されているという感情から他の形の野心が発達する。これが嫉妬であり、しばしば人間に生涯にわたってまつわりつくことになる。

子どもたちにおいては、嫉妬はほとんど常に、とりわけ下に弟や妹が生まれ、親の注目がもはや自分には向けられず、兄や姉が王座から転落した王子、王女になる時に見られる。以前は快適な暖かさの中ですわっていた子どもはとりわけ嫉妬する。このような場合、子どもがどんなところまで行くことになるかは、次の少女のケースが示している。この少女は、八歳で既に三回の殺人に関わった。

彼女は発達が遅れた子どもだった。弱かったので、どんな仕事も免除された。そこで比較的快適な状況の中にいた。ところが、六歳になって妹が生まれた時に、事態は突然変わってしまった。彼女の中に完全な変化が起こり、妹を激しく憎んでいじめた。両親は、どうしていいかわからず、厳しく介入し、悪い行いをするたびに、その責任をその子どもにはっきりさせようとした。ある日、村のかたわらを流れる小川で、小さな女の子が死体となって発見された。すぐにまた同じような事件が繰り返され、ついにこの少女がまたしても少女を水の中に突き落とした瞬間に現場を押さえられた。彼女は殺人行為も自白し、観察のために精神病院に入れられ、最後に教育施設に移された。

このケースでは、この少女の自分の妹への嫉妬は、他の、自分より年下の少女に向けられた。彼女が少年には全く敵意を感じなかったことが注意を引いた。彼女は殺した少女たちの中に妹の姿を見て、少女たちを殺すことによって、彼女に課せられた冷遇に対する復讐感情を満足させたいかのようだった。

異性のきょうだいがいる時には嫉妬の感情はより容易に喚起される。われわれの文化においては、今日しばしばそうであるように、少年が特別の喜びで迎えられ、より多くの注意と愛を持って扱われ、少女とは別の、少女が閉め出されているあらゆる特典を享受する。このようなことは少女にとっては好ましいこととは思われず、不機嫌になってしまうということはよく知られている。

〔しかし〕このような関係から当然常に激しい敵意が必ず生じるというわけではない。姉や兄が弟や妹に強い愛着の念を感じ、母親のように感じることもありうるのである。しかし、このことは、心理学的には、常に最初のケースとは異なったものである必要はない。姉が弟や妹に母親の立場を取る時、これも姉がまたもや優越した立場にあるということであって、自由にふるまい、支配できるのである。危険な状況から何か価値あるものを創り出すことに成功したのである。

他にも同様に嫉妬の感情が容易に起こりうる関係のよくある形は、きょうだい間の激しい競争である。少女は冷遇されているという感情の中に棘を感じ、そのことが絶え間なく少女を前へと駆り立てるので、妹が熱意とエネルギーによって兄をはるかに凌駕することに成功するのは、めずらしいことではない。その際、思春期には少女の方が少年よりも身体的にも精神的にも早く発達するという自然による独自の優遇がしばしば少女には助けになる。しかし、この〔発達の〕違いは、後に再びゆっくりと取り戻される。

さて、嫉妬は様々な形で現れる。それは不信感、こっそりとうかがってはかるという特徴、軽視されているのではないか、と絶えず怖れることに見られる。どの形がより多く現れるかは、共同体の生活のためにそれまでどんな準備がされてきたかによる。自分が消耗する嫉妬であるかもしれないし、向こう見ずで精力的なふるまいとなる嫉妬もある。遊びの興をそぐ人という形で現れることもある。そのような人は、相手をけなすか、あるいは、相手を支配するために、誰かを束縛する努力をして、その人の自由を制限することを試みる。これは、嫉妬を人との関係の中に置き、他の人がそのことである種の法律を得るようにするきわめて愛用される方法である。それは独自の心の線であり、他の人に愛の法律を強いようとしたり、閉め出したり、また、他の人にどのようにまなざしを向け、行為の、それどころか思考のすべてを統御すべきかを命じる時にその線をたどるのである。嫉妬は他の人をけなし、非難などをするのに役立つだろう。しかし、すべては他の人から自由を奪い、呪縛、拘束するための手段である。

このような態度の見事な叙述が、ドストエフスキーの『ネートチカ・ネズヴァーノヴァ(27)』という小説の中に見られる。そこでは、一人の男が、このような方法で、一生の間、妻を圧迫し、支配を確保しようとしている。嫉妬は、このように力の追求の特別な形である。

妬み

力と優越性を追求する中で、人は多様な仕方で、妬みという性格特徴に到達する。人が等身大以上の目標に対して立つ時の距離は、劣等感という形で感じられることが知られている。その距離は、人を圧迫し心を一杯にするので、その態度やライフスタイルから、この人がまだ目標にはほど遠いという印象を受ける。他方、自分のことを低く評価し、満足しないので、大抵、他の人が自分のことをどう思っているか、他の人が何を達成したかについて絶え間なく比べるという状態に陥る。そして、自分は〔他の人に〕及ばないと感じるだろう。このことは、他の人より多くのものを持っていても起こりうる。

これらの現象のすべては、自分は及ばないという偽装された、満たされない虚栄心や、いつも、より多くのものを持ちたい、すべてを持ちたいということの兆候である。〔しかし〕おそらくすべてを持ちたいとはいわないだろう。なぜなら、共同体感覚の権威によって、大抵、すべてを持ちたいと考えることは阻まれているからである。しかし、〔実際には〕すべてを持ちたいかのようにふるまっている。

妬みの感情は、このように絶え間なく比べることにおいて働くので、それが幸福の可能性を促すように作用しないことは理解できる。しかし、妬みの気持ちが共同体感覚によって誰にも非常に嫌悪を起こさせ、総じて、好まれないとしても、何らかの形で妬みを感じないでいられる人はほとんどいないだろう。妬みから自由な人は誰もいないことを認めなければならない。人生が円滑に流れている時には、このことは常にはっきりと現れるわけではない。しかし、人が、苦しみ、圧迫されていて、お金、服、暖かさが欠けていると感じ、将来に希望が持てなくなって、抑圧された立場からの出口が見えない時には、妬みを感じる。

人類はまだ文化の初期の段階にある。そこで、たとえ、道徳と宗教によって禁じられていても、妬みを感じるのである。われわれは何も所有しない人の妬みも理解できる。このような状況において、妬みの感情を持たない人がいるという証拠が提示される時、妬みは初めてわれわれにとって理解できないものになる。このことによって確かめられるのは、人間の今日の精神構造においては、この要因も考慮に入れなければならないということだけである。制限をあまりに大きくすれば、妬みが、個人においても集団においても、燃え上がることは避けられない。しかし妬みが反感を起こさせ認めることができない形で現れる時、われわれは、そもそもこのような場合に、妬みとまたそれとしばしば結びついた憎しみを除外する手段を知らないといわなければならない。われわれの社会に生きている誰にも次のことがおそらくあらかじめ明らかである。即ち、このような気持ちを試したり、挑発してはならないということ、この確実に予期できる現象を呼び起こしたり、あるいは、強化することがないためには、多くの鋭い感受性を持たなければならないということである。誰かを傷つけることがありうるので、さしあたって他の人に優越していることを見せびらかさない。これは人に要求できる最小限のことである。そのことでは何もまだ改善されたわけではないとしてもである。このことでは何もまだ改善されるわけではないのだが、それは人に要求できる最小限のことである。

われわれは、この性格特徴において、個人と全体が切り離すことができない連関にあることを見る。社会から際立ち、他者への自分の力を拡張すれば、そのことによって同時に、必ず自分の企てを妨げようとする力が呼び起こされる。常に人間の同等や対等を再び目指す行動をし、そのための対策を立てることを促すのは、妬みを回避するためである。そのようにして、われわれは、思考でも共感によっても、どこかで傷つけられれば、必ず別のどこかでただちに反対する力を呼び起こす人間の社会の根本原則、即ち、人間の顔を持っているすべての人は対等であるという原則に近づくのである。

妬みの表現は、身振り、とりわけ眼差しで容易にわかる。妬みの気持ちは生理学的にも表現されるが、ある種のいい回しにおいても表現される。黄色い妬みや蒼白の妬み(28)といわれるが、そのことで妬みの感情はわれわれの血液循環に影響を及ぼすことが示されているのである。妬みは、器質的には他ならぬ表面の血管収縮によって表現される。

教育的な認識に関していえば、妬みの感情を除外できないのであれば、少なくとも、全体に有用であるように努力をし、あまりに精神生活の障害にはならず実りあるものになりうる道をそれに開くことを試みる努力をしなければならない。このことは個人にも集団にも当てはまる。個人の生活においては、このような子どもたちに自尊感情を高める活動を創り出すことを試みなければならない。国民の生活においては、自分が遅れていると感じ、おそらくは同時に、不毛の妬みを持って他の国民の幸福が高まるのを見る人に、利用されないでいる力を発達させる道を示し、それを可能にするということしか、残されたことはほとんどないだろう。

生涯にわたって妬みに満たされている人は共生にとって有用でない。そのような人は、常に他人から何かを奪い、何らかの仕方で軽視し、邪魔をするという欲求を示すだろう。そして、自分が達成しなかったことに対しては、いい訳をし、他者を責める傾向を持つ。闘う人、遊びを台無しにする人、他者とよい関係を持つことにあまり関心を持たない人、他の人との共同生活には準備ができておらず、それに向いていない人の役を演じるだろう。他の人の心に共感する努力をほとんどしないので、いつも人間知をあまり持つことはなく、自分の判断で他の人を傷つけるだろう。彼〔女〕らがすることで他の人が苦しんでも、何も感じない。妬みは、隣人が苦しむことに一種の満足を感じるまでになる。

貪欲（吝嗇）

貪欲は、妬みと非常に近く、大抵は、それと結びついている。そのことで意味されているのは、お金を蓄えるということに限定される種類の貪欲ではなく、誰かが他の人を喜ばせる気になれず、したがって、全体や個人のために献身することを惜しみ、わずかな財産を守るために、自分のまわりに壁を高く積み上げることに本質的に表現される広く見られる形の貪欲である。ここでは、一方で野心や虚栄心との連関が、他方で、妬みとの連関を容易に見て取ることができる。これらすべての性格特徴が一人の人間に同時に存在すると主張しても、過言ではない。そこで、誰かがこれらの性質の一つを確認して、他の性格特徴も存在するとしても、その人は他人の心が読めるというわけではないのである。

貪欲の特徴は、今日の文明人にも少なくとも痕跡は示されている。人はそれをせいぜい極端な気前よさによって覆いをつけたり、ベールをかけることができるだけである。このような気前よさは、恩恵の施し、自尊感情を気前のいいふりをして他の人を犠牲にすることで高めようとすることに他ならない。

事情によっては、貪欲が人生のある形に適用された時のように、価値のある性格であるように見えることとさえある。例えば、時間や労力を惜しみ、おそらくそうすることで、偉大な仕事をなしとげるような時である。現代の学問的な方向と道徳的な方向は、まさに時間を惜しむことを非常に強調するので、どの人にも時間と労力（また労働力も）を「経済的に」処理することを要求する。これは理論としては非常に美しく聞こえる。しかし、この根本原則がどこかで実践的に用いられているのを見るとすぐに、そこにはただ力と優越性の目標が支配しているだけであるのがわかる。この理論的に得られた根本原則は、大抵は誤用され、時間と労働力を惜しむ人は、そのことによって生じる負担を自分から他の人に転嫁しようとするだろう。しかし、われわれは、そのような立場をただそれが公共に役立っているかという点においてだけはかり、評価できるのである。われわれの技術時代の発達のすべては、人間を機械のように扱い、技術においては、おそらくある程度までは正しいが、しかし、人間の共生に関しては、荒廃、孤独、隣人による軽視に導くに違いないような生活の根本原則を人間に強いることになる。それゆえ、われわれは惜しむよりは、むしろ与えることを原則にするのがよいだろう。それは、仲間の利益を目に留めておく時には、決して歪めてはならず、誤用してはならず、そうすることもできない原則である。

憎しみ

闘争的な性質の人において、憎しみの特徴が見られるのは稀ではない。憎しみの感情は、しばしば既に子ども時代に現れるが、時に、怒りの爆発において、非常に高い程度に達することがある。あるいは、より穏やかな形では、事後性[29]として表される。人がどの程度までこの感情傾向にあるかを知ることによって、その人の性質は非常に明確に特徴づけられ、その人を判断できる。この感情が、人に個人的で特徴的な色合いを与えるのである。

憎しみの感情は様々な点を攻撃することができる。人がその前に置かれる課題に向けられることもあれば、個々の人、国民や階級、異性、さらに人種に向けられることもある。憎しみの感情はいつも直線的でも明らかになるわけでもなく、時として、ベールで覆われているということ、それは例えば批判的態度という、より洗練された形を取りうるということを忘れてはならない。それは人があらゆる種類の結びつきを拒否することにも見られる。時には、次の患者の場合のように、人がどんな憎しみの感情を持つことができるかが稲妻によるように明らかになることもある。彼は兵役から解放されていたが、途方もない損害や恐ろしい破壊についてのニュースを読むことがどれほど嬉しかったことか、と話したのである。

これらの現象の多くは、犯罪の領域で見られる。しかし、憎しみの感情は、社会において、弱められた形で大きな役割を果たすことができる。その際、傷つけたり、反発する必要がない形で現れる。それはとりわけ人により高い程度の憎しみの感情を見せる形である人間嫌いに妥当する。時に見られる、より乱暴でむき出しの敵意に満ちた野蛮で残忍な行為に匹敵する敵意や人間嫌いが荒れ狂っている哲学の方向すらある。重要な人物の伝記には、時折、ヴェールが引かれていることがある。例えば、フランツ・グリルパルツァー(30)が、文学において人間の残酷さが十分に展開されている、とかつていったように、ここで語られている確固不動の真理よりも、芸術的な業績をあげるつもりであれば、人間の近くにいなければならない芸術家の中に、なおも憎しみと残酷さの感覚が存在しうるということを考えなければならない。

憎しみの感情から分化したものは、かなり多くある。ここでそれらをこれ以上追求しないのは、個々の性格特徴と人間の憎しみとのすべての連関を指摘すれば、あまりに遠くまで行き着くことになるからである。とりわけ、一定の職業はある種の敵意がなければ就くことはできないということは容易に証明される。しかし、そのことは、ある種の敵意がなければ営むことができないという主張とは同じ意味ではない。逆である。人間に敵意を抱く傾向のある人が、このような職業、例えば、軍事的職業に就くという決心をした瞬間に、全体の組織や職業の表現によって、さらに、この職業が他の人との連関を創り出す必要性があるので、すべての敵対的感情は、外面的には共同体に適応するよう向きを変えられるのである。

敵意の感情がとりわけよく隠されている現象形態は、不注意によって共同体感覚が課すあらゆる顧慮を行為者が無視することによって引き起こされる人やものの取り扱いと損害である。法学においては、このことについて広く議論がされているが、今日までこの問題を明らかにしていない。違反行為や過失行為が、犯罪と同じものと評価されるべきではないことは自明である。誰かが植木鉢をちょっとした振動でも通行人の頭に落ちるような窓際に置くことと、それを通行人に投げつけることは同じではない。しかし、不注意な人による行動様式には、しばしば、犯罪者と同じ敵意が根底にありうるということを見誤ってはいけない。それゆえ、単なる不注意な行動様式であっても人間理解の根拠を与えることができるのでる。

法学はここで行為者には意識的な意図はなかった、と酌量減軽の事由を認める。しかし、無意識の敵意ある行動様式に、意識的な敵意のある行動の場合と同じ程度の敵意が根底にありうることは疑いない。いずれの場合も問題になっているのは、共同体感覚が欠如していることを示す人である。子どもたちの遊びを見れば、他の子どもにあまり注意していない子どもがいるということを常に観察できる。そして、彼〔女〕らがよりよい仲間としての友人ではないという結論は、おそらく正しい。別のところからもこの仮定の確証を手に入れるまでは、いつも待つべきだろう。しかし、このような子どもたちの誰かが参加する度に事故が起こるのであれば、彼〔女〕らは他の子どもに対する思いやりを持っておらず、隣人の幸福や苦しみを目に留めることに慣れていない、といわなければならない。

この点においては、われわれの経済生活は、しばしば特別の注目に値する。このような不注意が敵意である、とわれわれが納得するのは特別な傾向ではない。なぜなら、われわれは大抵仲間を顧慮することは望ましいと見なすが、経済生活において位置を占める行動は、そのような痕跡を全く示さないからである。われわれの経済生活には、当該の行為をする人がその行為によって他の人を常に不利に扱うことが非常にはっきりしている多くの措置や企てがある。通常、たとえ彼〔女〕らに意識的な悪意が潜んでいたとしても、これらの行為が罰せられるということはない。しかし常に、少なくとも不注意の場合のように、共同体感覚が欠如しているので、われわれの共同体の生の全体は害されているのである。

なぜなら、おそらくはよい意図を持っている人も、このような状況においては、徹底的に個人的に防衛するしかないという確信に満たされているからである。その際、大抵、このような個人的な防衛が、通常、再び他の人を害することと結びついていることは見逃される。ちょうど近年、われわれはこれらの事実とその複雑さをしばしば確信することができた。これらの現象に注目を向けることは有益である。なぜなら、そのことから、このような状況においては、自分の共同体感覚のゆえに自明で正しいと認めてきた要求を満たすことが、個人にとっていかに難しいかがわかるからである。ここでも公共の福祉を促進することになる協力作業を、今日大抵の場合そうであるように、個人にとって困難にするのではなく、より容易にする方策を見出すことが必要だろう。時にはそのようなことが自動的に起こる。集団の精神は常に働いており、できる限り身を守ろうとするからである。しかし、心理学もこの現象についていかなければならない。それは経済的な連関を理解するためだけではなく、ここで協力している精神過程を理解するためでもある。また、個人にとって、あるいは、社会全般にとって、何を要求しなければならないか、その際、何を期待しなければならないかを知るためでもある。

不注意は家庭、学校、生活の中で大いに広まっている。われわれの生のあらゆる形の中に見ることができる。いつでもどこでも、仲間のことを少しも考えないタイプが注目される。そのようなタイプの人が罰せられないでいるということはなく、他の人を顧慮しない人の行動様式は、大抵、その人を喜ばせない結果へと導く。時に、〔罰せられないことが〕長く続く――神の石臼はゆっくり回る(31)――。あまりに長く続くので、そうなると、もはや連関を見通すことはできない。なぜなら、その連関を人は識別せず、制御しつつ伴うこともなく、それゆえ、大抵は、理解しないからである。不当な運命についての訴えは声高になって、大抵は、まわりの人に責めが帰せられる。そこで、このような相手の無思慮に耐えなければならなかった他の人が、しばらくすると、個人的にはよい意図のある努力を放棄して離れていく。

不注意な行動は時に一見正当化されるように見えるが、仔細に見れば、それにもかかわらず、そこには他者に対する敵意に満ちていることを認めることができる。そこで、例えば、スピードを出しすぎて人を轢いた運転手は、大切な約束があったからだ、と弁明する。われわれは、このような態度の中に、自分の個人的な小さな要求を、他者の幸福と不幸よりも重視し、他者に生じる危険を見逃す人がいるということを見ることができるだけである。彼〔女〕ら自身の要求と、公共の福祉の間に差異があることに彼〔女〕らの敵意の程度がはっきりと認められる。

第三章　非攻撃的性格特徴

性格特徴のこのグループに属するのは、仲間に対する敵意のある攻撃が真っ直ぐではっきりと見える直線の上を動かず、外側に立っている観察者に、敵意ある孤立という印象を伝えるようなすべての現象形態である。ここでは敵意の流れの全体が曲げられ、回り道を取っているかのように見える。このような場合、大抵、おそらく誰にも何か害を与えるということはないが、人生と他者から退き、どんな結びつきも避け、孤立の中で他者と協力することを拒むような人間のイメージが生じる。しかし、人類の課題は、大部分は、協力して行う仕事においてだけ解決できるのであるから、孤立している人は、共同体に公然と真っ向から攻撃し、そのようにして共同体にその維持に必要な手段を提供しない人と同じ敵意を持っていることが疑われる。ここには、非常に広い観察対象が開かれる。ここでいくつかの顕著な現象をより詳しく考察したい。最初の特徴として、われわれが見るのは、次のようなことである。

控え目

控え目は様々な仕方で現れる。控え目な人はあまり話さないか、全く話さない。人を見ず、話に耳を傾けることもなく、話しかけても注意を払わない。あらゆる関係において、最も単純な関係においても、冷たさが見られ、人を互いに引き離す。それは、そのような人が人に手を差し出す仕方、何かをいう時の口調、他の人にどんなふうに挨拶をするか、あるいは、答えるかに見られる。自分と他者との間に距離を置くことが、常に顕著である。

これらの孤立の現象のすべてにおいて、野心や虚栄心というよく知られた性格特徴が現れるが、ここでは他者から際立つとか、引き下がることで自分が特別であることを示したいという特別な形を取る。しかし、このことで人が得られるのは、せいぜい想像力によって存在もしない優位が本物だと思い込ませるということだけである。敵意という闘争的な特徴が一見無害な態度に変わりうることがわかる。

孤立は、より大きな集団にも妥当する。家族全体が他の家族から完全に遮断されているということで特徴づけられる家族があることは誰でも知っているだろう。仔細に見れば、必ず敵意や、自分たちが他の人よりも高級で優れた存在であると想像する傾向があるのがわかる。孤立の傾向は、さらに、階級、宗教、人種、そして国家にも及ぶ。外国の街で、例えば、散歩道でしばしばこのことを明らかにする光景に出会う。時には、その上、家の建て方からいかにそれぞれの層が互いを閉め出しているかがわかる。

人がこのような仕方で孤立し、国家、宗派、階級に分裂するようにするのは、さしあたって、われわれの文化において、なおも深く根ざしている現象である。そこでは、大抵、互いに闘うという結果になり、この闘いはしばらくすると、取るに足らぬ古い無力な伝説へと解消してしまう。そういうことで通常起こるのは、個人が潜在的な対立を利用し、これらのグループを互いにけしかけるという可能性が与えられるということである。そのようにけしかけることの目的は、容易に命令し、指導することができるためであり、個人的な虚栄心を満足させることに他ならない。また敵意の特徴に必ず見られるのは、このような階級や国家が自らを優れていると感じ、自らの精神を選ばれた者として賛美し、他者についてはは大抵悪いことしか見ないということである。

敵意を高めることの可能性と危険は、人が通常自分の敵対的な心情と関心において、他者の敵意を煽り高めることを試みる扇動家のいうことにしか耳を傾けないということにある。世界大戦やその結末のような不幸な出来事が生じると、誰もそのことに責任はない、と主張する。そのような人は、自分が不安なので、優越性と独立を得ようと努力し、それを他者を犠牲にしてまで実現させようと試みるタイプの人である。

孤立ということの中に、このような個人の運命と世界の全体があるのである。このような人が、前進したり、文化の進歩を促すのに適していないことは明白である。

不安

まわりの世界に敵対的であるような人の態度に不安の特徴を見出すのは稀ではない。この特徴は、このような人の性格に特別の色合いを与える。不安は、最も早期の子ども時代から晩年までつきまとう並外れて広い現象である。それは人の人生を途方もなくつらいものにし、自分を他の人から閉め出し、そうすることで、平和な生と実りのある行動の基礎を獲得することに向かないようにする。怖れは人の生活のあらゆる関係に及びうるからである。外界を怖れるということもあれば、内面世界を怖れることもある。

怖いので社会を避けるように、一人でいることも避ける。また不安においては、またしてもあのよく知られたタイプに出会う。自分のことをより多く考えることが必要だと感じ、そのため、仲間のことはほとんど考えられないタイプである。人がひとたび人生の困難から逃げ出す見方を獲得すれば、この見方は不安が付け加わることによって強化され、確かなものになる。実際、何かをしようと企てる時に最初に起こる感情が常に不安であるという人がいる。家を出ようとしたり同伴者と別れるとか、仕事に就いたり、あるいは、恋に落ちる時である。そのような人は、人生や仲間とあまりにもわずかしか結びついていないので、慣れた状況のいかなる変化も怖れをもたらすことになるのである。

その際、彼〔女〕らの人格と行為能力(1)のどんな発達も抑えられたままである。おそらくすぐに震えたり、そこから逃げ出すということはないだろう。しかし、彼〔女〕らの足取りは次第にゆっくりとしたものになり、ありとあらゆるいい訳と口実を見つけ出す。彼〔女〕らの不安な態度が、新しい状況の抑圧の下に現れたということについては何も知らないこともある。

興味深いのは、この解釈を確かめるように、これらの人が、しばしば好んで過去や死のことを考えるのを見ることとである。過去も死もほぼ同じ作用を持っている。過去のことを考えることは、自分自身を「抑圧する」ための目立たない、それゆえ、非常に好んで用いられる手段である。死や病気を怖れることが、どんな仕事もしないですませるための口実を見つける人において起こることも稀ではない。あるいは、彼〔女〕らはすべては空しく、人生はあまりに短いこと、あるいは、何が起こるかを知ることができないことを強調する。

宗教が先への希望を抱かせることも同じ仕方で作用する。そのような宗教は、人の本来的な目標を彼岸に見させ、この地上での存在を最も余計な努力、人の成長における価値のない段階と見なさせるのである。それゆえ、最初のタイプ(2)は、あらゆる行動を回避する。野心が自らに試練を課することを許さないからである。後者(3)においては、教訓や解明することになるのだが、わかることは、ここでも彼〔女〕らが求める神は他者への優越性の目標、野心なのであって、それが彼〔女〕らを生きられなくするということである。

不安はその最初の原初的な形においては、一人にさせられるといつも不安の兆候を示す子どもに見られる。しかし、不安を訴えるというので、その子どものところに誰かが行っても、このような子どもの渇望は、決して満たされない。それどころか、一緒にいることを別の目的のために使う。例えば、母親が再び子どもを一人にすると、はっきりと不安を表して母親を呼び戻すだろう。このことは、母親がいてもいなくても何も変わらないことを意味している。子どもの渇望はむしろ母親に世話をさせることを目指しているのである。このような現象は、通常、このような子どもが自立の道を求めるようにはさせられず、誤った扱いによって、他の人を貢献させるために他の人に頼るようにさせられているということの印である。

子どもの不安の表現は一般に知られている。とりわけその不安は、例えば夜に電気が消されることで、外界や好きな人と結びつくことが難しくなる時にはっきりする。その時、不安の叫びが、いわば夜によって引き裂かれた結びつきを回復する。誰かが急いで駆けつけると、事態は通常先に述べたような仕方で展開する。子どもはさらに多くのことを願い、要求する。電気をつける、側にいること、一緒に遊ぶということなどである。いうなりになっている限りは、不安は消えたかのように見える。しかし、このような支配関係が危うくなったように見えると、不安はまたもや現れ、子どもの支配を改めて強固なものにするのである。

大人の人生にもこのような現象がある。一人では外出したくない人のケースである。そのような人は街でよく見るタイプである。彼〔女〕らは不安げに固まり、あちらこちらを見て、その場から動かなかったり、あるいは、悪い敵から逃げるかのように通りを走る。その上、時には、このような人に助けにきてほしいと頼まれることがある。このような人は弱い、病気の人ではなく、普段は非常に好調で、他の多くの人よりもずっと健康だが、ちょっとした困難の前に立つと、すぐに不安発作を起こす。そして、家を出るとすぐに、安全でないと感じたり、不安になるまでになるのである。

それゆえ、このような広場恐怖症の現象形態は、非常に興味深い(4)。なぜなら、われわれはこのような人の心においては、自分が何らかの敵意のある迫害の標的であるという感覚は決して消えることはないということをすぐに見出すからである。彼〔女〕らは自分が何らかの点で他の人とは違うと思っている。時には、それが空想的な考えにおいて、例えば倒れるかもしれないと信じている時に表現される。それはわれわれにとっては、彼〔女〕らが高いところにあると感じていることを意味している。そこで病的現象や不安が高じた時、またもや力と優越という同じ目標が入り込むのである。そして、ここでも人生は抑圧され、悲しい運命が近づいてきて脅かしていることが見られる。

なぜなら、不安は、多くの人の場合、彼〔女〕らにかかりきりになる誰かがそこにいなければならないという意味に他ならないからである。そこで、誰かがもはや部屋から全く出ることができない時、すべては彼〔女〕らの不安に屈しなければならない。他のすべての人は自分のところへこなければならないが、自分は誰のところにも行く必要がないという法律を他者に課すことによって、その人は他者を支配する王になるのである。
人間の不安は、個人を共同体に結びつける連帯によってのみ取り除かれうる。自分が他者に属していることを意識している人だけが、不安なしに人生を生きるだろう。[5]
ここに一九一八年の革命の日々からの興味深い例を付け加えよう。突然、多くの患者が診察にくることが妨げられている、といい出したのである。理由をたずねられると、誰もがおよそ次のようなことを答えた。「今は不穏な時なので、どんな人に会うかわからない。だから他の人よりもいい身なりをすれば、すぐに嫌なことを身に招くことになる」[6]
当時の不満は当然非常に大きなものだった。しかし、なぜ特定の人たちだけが、このような結論を出したのかは、注目を引く。なぜそんなことを考えたのか。それは偶然ではなく、これらの人たちは〔他者との〕結びつきを持っておらず、それゆえ、安全とは感じていなかったのだが、他方、自分が他者と十分結びついていると見ていた他の人は、全く不安を感じず、常と同じように仕事を続けたということに関連がある。
同じほど注目に値するが無害な形の不安は、内気さである。これには不安についていわれたことと同じことが当てはまる。子どもたちが置かれている関係がまだ非常に簡単ではあっても、子どもたちの内気さは、彼〔女〕らに他者との結びつきを避けるか、あるいは、断ち、他方、彼〔女〕の中に、他者と結びつく喜びを妨げる劣等感と他者と自分は違うという感覚を活発にさせる可能性を与えるだろう。

臆病

目の前にある課題を特別に困難であると感じ、それを克服するのに必要な力があると信じない人は、臆病という性格特徴を示す。この性格特徴は、通常ゆっくりと前進するという形で現れるが、そこでは、人とその人の前にある人生の課題との間の距離は、あまり速やかには縮まらず、その上、時には一定のままに留まることもある。これは、何らかの人生の課題に近づいていたはずの人が、突然、全く別のところに見出されるという[7]ケースである。例えば、自分が就くはずだった仕事に全く向いていないことがわかるというようなことである。彼〔女〕はその仕事にあらゆる影の面を見出し、それに就くことが実際に不可能だと見えるまでに論理をねじ曲げる。そこで臆病の表現形式には、ゆっくりとした動きの他に、安全を求める措置、準備[8]などがある。これらは同時に、課題をなしとげないことの責任を回避するという目的を持っている。

個人心理学は、これらの途方もない広範囲な現象に関わる問題の全体を、距離の問題と名づけた。それは一つの視点を創り出した。われわれはそこから人間の態度決定について揺るぐことなく判断し、人が人生の三つの大きな課題の解決を前にして立っている距離をはかることができる。〔最初の人生の課題は〕対人関係の課題であり、私の汝への関係の解決、自分と他者との結びつきをほぼ正しい仕方で確立したか、あるいは妨げたかが重要である。第二の人生の課題は仕事の課題であり、三番目は性の課題、愛と結婚の課題である。これら三つの課題の失敗の大きさ、それらの課題の解決から離れている距離から、その人の個性、人格を推論できる。それと共に、これらの現象からわれわれの人間知のために何かを獲得することができる。[9]

このケースにおいて明らかになる根本特徴は、一般に、人は自分と課題の間に、多かれ少なかれ、大きな距離を置くということである。状況を仔細に見れば、これらのケースの全体には、影の面だけでなく、光の面もあることがわかる。この人は、ただ光の面のゆえにのみこの態度決定を選んだ、と仮定できる。即ち、人が準備することなく課題に近づけば、人は情状酌量する事情を持ち、自尊感情、個人的な虚栄心は無傷のままにある。状況はずっと安全なものであり、自分の下には網が張られていることを知っている綱渡りのように行動する。落ちても、柔らかく着地するのである。

そして準備しないで課題に向かい、それを乗り越えることができなくても、自尊感情は危機に陥ることはない。なぜなら、様々な理由から、あまり多くのことはできない、といえるからである。既に遅すぎる、あるいは、始めるのが遅すぎた、さもなければ、輝く成功を収めたであろう、などといえるのである。そこで、自分の個性の欠点ではなく、小さな付随的な事情に責めは帰せられ、それには当該者はまったく責任を引き受けないのである。

しかしそれにもかかわらず、仕事が成功すれば、その価値はずっと大きなものになる。なぜなら、人が勤勉に課題に専念する時は、たとえ成功しても、誰もそのことを何か特別のことだとは思わないからである。それはそもそも当然のことなのである。しかし始めるのが遅いとか、少ししか働かないとか、あるいは、全く準備できていないのに、それにもかかわらず仕事の課題を解決すれば、そしてそれはありうることなのだが、彼〔女〕は〔準備して課題に取り組んだ時とは〕全く違ったものになる。彼〔女〕はいわば二重の意味で英雄である。両手が必要なことを片手でなしとげたからである。

回り道主義

これがこの回り道主義の光の面である。このような態度は、人の野心と虚栄心をあらわにし、少なくとも自分の前で、自分を誇示しようとする人であるという事実を示している。すべては、特別の力を操れると見せかけるために、不正な搾取を増して行われる。

われわれは、それによって自分の前にある課題を迂回したいと思い、自分で困難を創り出し、それに全く近づかないか、近づくとしてもためらってそうする人の理解に近づく。そのような人が課題のまわりに作る回り道には、怠惰、無精、仕事を頻繁に変えること（鞍替え）、不良化などの人生の特別なことことして目立つことがある。また、これらの態度決定を態度にまで表し、時に非常に曲がりくねった仕方で行かなければならず、あらゆる機会に蛇のように向きを変える人もいる。これはたしかに偶然ではない。そして、そのような人は、いくらか慎重にではあるが、自分が解決しなければならない重要な課題を避けて通る傾向を持っている人である、と判断できる。

実生活から取られたケースから、そのことをはっきりと示すことができる。問題になっているのは、大いに不機嫌であることを示し、人生に嫌悪感を持ち、希死念慮のある男性である。もはや彼を喜ばせるものは何一つなく、態度の全体が人生を諦めたことを表していた。彼と話すと、三人兄弟の第一子であること、激しい情熱を持って人生を前に進み、大いに出世した非常に野心のある父親の子どもであることがわかった。患者はこの父親のお気に入りの子どもで、いつか父親の跡を継ぐはずだった。母親は早くに亡くなっていた。継母とは仲がよかった。おそらく、それも父親の庇護を大いに受けていたからである。

第一子である彼は力と権力の熱狂的な崇拝者だった。彼に見られるすべてのことは帝国主義的な特徴[10]を持っていた。学校ではすぐに一番になることに成功した。学校を終えると、父親の仕事を引き継ぎ、第三者に恩恵を与える人としてふるまった。常に友好的な言葉で話し、従業員を苦しめることなく、最高の賃金を払い、願い事には常に耳を傾けた。

一九一八年の革命以来、彼の性格の中に一つの変化が起こった。従業員の反抗的な態度によって、いかに苦しめられているかと嘆いてばかりいるようになったのである。従業員は、以前は懇願して手に入れていたものを、今や要求するようになった。彼の不機嫌はひどいものになり、仕事を辞めたいと思うようになった。

そこで、仕事に関しては、第一線の直前でわきへよけた。こんなことがなければ、彼は親切な事業主だった。しかし、彼の力関係が侵害された瞬間、彼の世界像が工場の従業員全体にとってのみならず、とりわけ自分自身にとって妨げになることが明らかになった。野心を持って一家の主であることを誇示したいと思わなければ、このような面に煩わされることはなかっただろう。しかし、彼にとって、自分の個人的な力を誇示することだけが重要だったのである。関係の論理的な発展は、彼が個人的な力を誇示することを困難にし、今や仕事全体は彼を喜ばせなくなった。〔課題から〕退くという彼の傾向は、反抗的な従業員に対する攻撃、非難だったのである。

そこで、彼は野心では、ある程度までしか成功しなかった。突然現れた状況全体の矛盾は、まず第一に彼自身に突き当たり、彼の諸原理がもはや有効ではないことが明らかになったのである。彼の発達は一面的なものだったので、方向転換をし、他の原理を援用する可能性を失い、それ以上発展することができなくなった。なぜなら、力と優越性を唯一の目標にしていたからであり、そのため、虚栄心という性格特徴を圧倒的なものにさせていたからである。

彼の他の生活を見ると、対人関係が非常に貧しいことがわかる。彼はこのように力と優越性が重要であると考えていたので、自分のまわりには彼の優越性を認め、彼のいいなりになる人しか集めることができなかったことも明白である。その際、彼は痛烈な批評家でもあった。そして、知性を欠いていなかったので、時には、非常に的を射た、人を貶める発言をすることができた。このことが、彼から知人を遠ざけることになり、いつも本当の友人は誰もいないことになった。このような仕方で、人との接触において欠けていたものを、彼はあらゆる種類の楽しみで補った。

ところが、まさに愛と結婚の課題で失敗したのである。[11]そこで、彼はずっと前から予見できたであろう運命が与えられた。愛は、仲間としての結びつきの中で最も強いものなので、〔パートナーのうちの〕一人が〔もう一人を〕支配したいと思うことは決してありえないことなのである。しかし、彼は支配者でありたいと思ったので、結婚のパートナーを選ぶ時にも、そのことに配慮しなければならなかった。支配を求め、優越することを渇望するタイプ〔の人〕は、弱くはなく、征服することが勝利と思えるに違いないようなパートナーを選択しようとする。そこで、二人の同じ種類の人が一緒になると、このような二人の共生は、激しい闘いが絶え間なく続くことになる。彼の愛の選択も、多くの点で、彼自身よりも支配欲が強い[12]女性へと向かった。二人は自分の原理に忠実に、自分の支配を確立するために、様々な手段に訴えなければならなかった。当然、二人の気持ちはいよいよ離れていったが、無論、完全に別れることはなかった。なぜなら、このような人たちは、繰り返し勝利することを望み、それゆえ、この戦場から離れがたかったからである。

彼はまた、この頃見た夢を話した。彼は少女と話している夢を見た。その少女は使用人のように見え、会計係に非常に似ていた。その時、彼は（夢の中で）次のようにいった。「いいかね、私は王侯の血統だ」

この夢の中にどんな思考過程が反映されているかを理解するのは困難ではない。一つは、彼がいかに人を見下しているかということである。彼には、何よりも、誰もが教養のない価値の低い使用人に見える。女性であればなおさらである。その際、われわれは、彼が妻と争っていることを思い出せば、夢の背後に妻が隠れているという仮定は、容易に思いつく。

そういうわけで、誰も彼を理解せず、彼も自分自身を少しも理解していない。なぜなら、彼は無類の不遜さで、空しい目標を見据えているからである。彼が仲間から離れていることには、自分のためには、他の何によっても正当化されない高貴さを必要とし、他方、他のすべての人には、あらゆる価値を否定することと軌を一にしている。このような人生観、態度には、友情も愛も占める場所はない。

このように回避することを正当化するために持ち出される議論はしばしば特徴的である。持ち出される理由は、大抵、非常に当然で自明のことに聞こえる。ただし別の状況には当てはまっても、目前の状況には当てはまらない。そこで、人と交わらなければならない、と考えて、飲み仲間のところへ行くなどして、そこで飲んだり、トランプゲームなどをして時間をつぶす。このようにして、友人と知人を作らなければならない、と考える。そこで、彼は夜遅く帰宅するようになり、朝は十分眠れておらず、人と交わらなければならないのだから、〔他のことを〕いつもできるわけではない、という。その際、自分の課題がよくわかっているのならいい。そうではなく、人と交わっていても、突然、われわれが期待しなければならないのとは全く別のところに見られたら[13]、たとえ、正しい議論を展開しても、彼は当然誤っているのである。職業を選ぶ前の若者の場合のように、突然、政治を論じる傾向を示す人もある。政治は、無論、重要なことである。しかし、自分や他者を愚か者と見なし、職業を選択したり自分の将来の職業のために準備する代わりに、政治についての議論しかしないのはよくない。

われわれは、この例において、真直ぐな道から逸らすのは、われわれの客観的な体験ではなく、事物についての個人的な見方、われわれが事実を吟味し、評価する方法であることがはっきりとわかる[14]。人間の誤りの大きな領域の全体がわれわれの前にある。このようなケースにおいては、誤りと〔将来の〕誤りの可能性の連鎖の全体が問題である。われわれはこのような人の議論やライフスタイルの全体を理解することで、この誤りを見つけ出し、それを教化によって克服することを試みなければならない。それと共に、この種の行動は、教育によってさらにはっきりと特徴づけられる。教育とは誤りを取り除くことに他ならない。

しかし、そのためには、このような人の誤りによって引き起こされた誤った発展がいかに悲劇になりうるかを示す、これらの連関を知ることが必要である。われわれは、ネメシス[15]、即ち、復讐の神について語ることで、まだこの連関を知っていたか、あるいは、少なくとも気づいていた古代の民族の知恵を驚嘆を持って否定することなく認めて見なければならない。このような展開は、公共の意味と利益を考える代わりに、自分自身の力を賛美する方向で、仲間の利害に注意せず、絶え間なく失敗するのではないかと怖れながら、自分の目標に回り道して近づくことを強いる道を求める時、人が損害を被ることは自明であることを常に示している。大抵、神経症的現象も起こる。大抵、それは特別の目的と意味を持っており、人に何らかの行動をすることを引き留める。なぜなら、経験が彼に告げるからだ。この崖に近づく一歩一歩が大変な危険を伴っている、と。

共同体は逃亡者のための場所を持っていない。共同体において重要なのは、ある程度の従順と適応性、協力し、他者の助けとなる能力であって、他者に優越するために指導権を自分に引き寄せることではない。多くの人は、これがどれほど正しいかは、自分自身においても、まわりの人においても見てきただろう。そこでたしかに人を訪ね、非常によいふるまいをし、人の妨げにはならないだろう。しかし、暖かくなることはできない。なぜなら、そうすることを力の追求が妨げるからであり、他の人も暖かくはならないだろうからである。しばしば静かに食卓につくが、喜びに動かされる人の顔を見せないであろうし、社交を促すためにはほとんど何もしないだろう。大きな集まりで話すよりは、会話を好むだろう。また、しばしば目立たないことにおいて特性を示すだろう。例えば、皆にとっては重要ではないことにおいてですら、いつも正しくあろうとする。その際、そのような人にとっては、根底において、何を議論するかは問題ではなく、むしろ、他者を悪者に仕立てることが重要であることが明らかになるだろう。また、道の分岐点で謎に満ちた現象を示す[16]。なぜかはわからないが、疲れていて焦ってはいるが、だからといって、前に進もうとはしない。眠れず、力が出ず、ありとあらゆる苦情をいう。つまりは、あれこれ訴えをするが、それについては、大抵はっきりとした理由をいうことができないのである。見たところ、病人であり、神経質である。

しかし、これらの現象は、自分の注意を真の事態から逸らせる狡猾な手段である。このような手段が選ばれるのは偶然ではない。例えば、人が不安によって夜という自然現象に反抗している時に、どんな反抗心がそこに隠されているかを考えれば、彼〔女〕が地上の生活に適さなくなった人であることがわかる。なぜなら、彼〔女〕の態度の根底にあるのは、夜を廃止するということしかないからである。彼〔女〕はそのことを正常な生活に適合するための条件として要求している。しかし、実現不可能な条件を出しているのだから、同時に、悪しき意図を明らかにしている。反対のための反対者なのである。

このような種類のすべての神経症的な現象は、このような人が自分の課題を前にして怖れをなすか、情状酌量する条件を持って課題に向かうか、あるいは、全くその領域から逃げ出すための口実を探すという点において生じた。そのことによって、同時に、人間社会を保持するために必要な課題から逃げ出し、まず第一に、まわりにいる人を、さらに広い関係においては、他のすべての人をも傷つける。このようなことは、もしもわれわれが皆もっと多くの人間知を持っていて、常に人間社会の論理的で内在規則への攻撃と、ずっと後になってそこから発展する悲劇的な運命の間に存在する、かの恐ろしい因果律を把握できていたら、既にずっと以前に世界からなくすことができていたであろう。時の勢いはしばしば強く、大抵は無数の複雑な要素が加わるので、われわれは通常しばしばこれらの連関をそこから学んだり、それについて他者に教えるためにより正確に把握することができない。ライフスタイルの全体を展開させ、人の歴史の中へ深く入り込んで初めて、多くの苦労をして、連関を把握し、どこで誤りがなされたかを語ることができるのである。

適応不足の表現としての抑制されない衝動

われわれが無作法[17]と感じることで特徴づけられる一定の表現形態をことのほか示す人がいる。これには、例えば、爪噛みを止められない人、内的な力に駆られて絶え間なく鼻をほじくる人、さらに態度がむき出しの情熱という印象を喚起するような欲求を持って食事に飛びつくような人が属する。この現象が何かを意味するに違いないということは、飢えた狼のように食事に飛びつき、欲求を満たすためには何一つ困難もなく恥も知らないような人を見る時、われわれにはただちに明白になる。それはすすったり、噛んだり、音をさせることである。大きく噛んだものが、いわば深淵の中へとほとんど噛まれることなく消えていく。平らげられる速さも同様に驚くべきである。しかし、われわれの目を引くのは、外から見える形だけではなく、食事の量と回数もである。食事を取っているところしか思い浮かばない人がいるといっても、過言ではない。

無作法のさらなるタイプは、顕著な不潔さとなって現れる。あまりに働かなければならない人に見られるような無作法ではなく、重労働をする人に時折見られる当然のだらしのなさでもない。われわれがここで問題にするタイプ〔の人〕は、通常あまり働かない。その上、しばしば仕事から遠ざかる。それにもかかわらず、外的なだらしなさや不潔から離れることはない。そこにはほとんど何か自分で求めたものがあり、その乱雑さや不快さは容易に真似ることができないのである。これはこのタイプの人にとって特徴的なことなので、もしも違った様子で近づいてきたら、まったく気づかないだろう。

これらの表現形式は、無作法な人を外的に特徴づけるものであり、それによって、正しく協力せず、他の人よりも目立とうとしていることをわからせる合図を送っている。これやあれやの無作法をするすべての人について、われわれは常に仲間に関心を持っていないという印象を受ける。われわれを驚かすのは、このような現象ではなく、このような無作法が、大抵、子ども時代にその起源があるという事実である。なぜなら、完全に真直ぐに育つ子どもなど、ほとんどいないからである。われわれの注意は、むしろ、そこから解放されない人がいるという状態に引きつけられる。

このような現象の原因を探し求めると、われわれは、多かれ少なかれ、このような人の仲間や課題に対する拒否的な態度に行き当たる。人生から遠ざかりたい人、協力を拒否する人がいる。そのことによっても、なぜ彼〔女〕らがこのような無作法を止めるようにという道徳的な議論には動かされないかが理解できる。人生に対してこのような態度を取っていれば、例えば、爪を噛むことは正しいのである。これよりも〔他者を〕回避するよりよい方法はほとんどない。通常、共同体から離れようとする人にとって、例えば、汚いカラーをつけて、あるいは、破れた上着を着て現れることほど、より効果的な手段はない。他者からの注目、批判、競争に曝される仕事に就くことから免れたり、愛や結婚から逃避することにより完全に役立つためには、このような仕方で現れることほど、より確実で優れた方法はないだろう。このようにして、自ら競争から身を引き、その際、自分の無作法を引き合いにすることで、よい口実を持つことになる。もしもこのような無作法を持っていなければ、何でもできる、それなのに、この無作法を事実持っているのだ、といえるのである。

このような無作法が、いかに自己防衛に適しているか、まわりの人への支配関係を打ち立てるために用いられるかを一つの例で示してみよう。夜尿症で悩む二十二歳の女性のケースである。彼女は下から二番目の子どもで、病弱な子どもとして母親の特別の注意を享受し、この母親への執着が顕著だった。他方、彼女は昼も夜も無作法や、不安になることや、夜中に叫ぶことで、母親を自分に縛りつけた。他のきょうだいよりも母親を自分の側に引きつけることは、たしかに最初は彼女にとって勝利であり、虚栄心を満足させた。

学校、友情、社交のような〔母親との関係以外の〕他の関係を持てないことも彼女の特徴だった。家から出かけなければならない時に、とりわけ不安に見えた。成長してから、したがって、しばしば夕方に買い物をしなければならなくなった時も、夕方の道は苦痛だった。家に帰った時にはいつも消耗し、不安で一杯だった。そして彼女が会ったあらゆる危険で怖かったことを話した。

これだけで、これらすべての現象が意味しているのは、この女性がいつも母親のもとに留まろうとしていることであることが理解できる。しかし、経済的な事情はそれを許さなかったので、収入を得る計画を考えなければならなかった。ついに仕事に就くことになった。しかし二日後には以前からの病気、夜尿症が起こり、職場の人たちは大いに怒り[18]、彼女を解雇した。この病気の本当の意味を知らなかった母親は彼女を激しく非難した。そこで、彼女は自殺をはかって入院した。今や母親はひどく絶望し、もはや娘の側から離れない、と誓った。

それゆえ、三つの現象、即ち、夜尿症、夜を怖れること、一人でいることを怖れること、そして、自殺企図は、すべて同じ目標に向けられているのである。それはわれわれにとって言葉となって、いわば次のように語っている。「私は母親の側にいなければならない」あるいは「母親は絶えず私に注意を払っていなければならない」と。このように、無作法は根深い意味を持っているのであり、われわれは、それによって、人を判断できるということ、他方、そのような誤りを取り除くことができるのは、人を全体的に[19]理解する時だけであることがわかる。

概して、子どもの無作法は、大抵、次のことを目指していることがわかる。即ち、まわりの人の注目を自分に向けること、特別の役割を演じること、大人に自分の弱さと無能力を示すことである。〔無作法な子どもを前にして〕大人は、より強い者として、自分自身をよりよく見せるために、しばしばどうしていいかわからないのである。客の訪問に際して目立った、大抵は不快な仕方で目につく、しばしば見られる無作法も、同じ意味で理解できる。常は非常に行儀がいい子どもが、見知らぬ客が部屋に入ってくるや否や、時に悪魔に取り憑かれたかのようになる。子どもは脚光を浴びようとし、自分の目的を自分に十分だと見える何らかの仕方でやりとげるまでは、その試みを止めようとはしない。このような子どもは、大人になった時、無作法の力を借りて、公共の要求から逃れようとするか、あるいは、それらを邪魔しようとする。これらの現象の背後に隠れているのは、支配欲と虚栄心だが、それらは非常に奇妙な形で現れるので、しばしば気づかれないままである。

第四章　その他の性格の表現形式

快活さ

どれほど〔他者を〕援助し、促し、喜ばせる用意があるかを調べれば、人の共同体感覚を容易にはかることができるということは、既に強調した。この喜びをもたらす能力は、既に外観によって、他の人よりも大きな利益にあう。彼〔女〕らはわれわれに容易に近づいてくる。そして、われわれは既に純粋に感情に従って、彼〔女〕らを他の人よりもずっと共感的に判断する。全く直感的に、われわれは彼〔女〕らの特徴を共同体感覚の印と感じる。彼〔女〕らは快活な性質を持っており、いつも抑圧されて心配そうに歩くわけではなく、いつも他の人を自分自身の心配の担い手にするわけでなく、一緒にいる時に快活さを振りまき、人生を美しくし、生きるに値するものにする。よき人は、行為だけでなく、つまり、いかに彼〔女〕らがわれわれに近づくか、われわれと話すか、われわれの関心に理解を示すか、そのために力になるかだけでなく、外観の全体、即ち、顔つき、しぐさ、喜ばしい感情、笑いにも感じられる。

深い洞察をするドストエフスキーは、手間のかかる心理学的な診察より、笑いによって、人をずっとよく認識し理解できる、といっている[1]。笑いは人を結びつける意味も持っているが、例えば、他人の不幸を喜ぶ気持ちのように、敵対的で攻撃的な基調音も持っている。その上、そもそも笑うことができず、人と人との深い関係から遠く離れているので、喜んだり、快活な気分を創り出すことができない人がいる。他者に喜びをもたらすことには適しておらず、反対に、彼〔女〕らが入っていくどんな状況においても、他者の生活を不快なものにする傾向を持っており、あたかもあらゆる光を消したいと思っているかのようにふるまっているとしかいえない少なからぬ人は論外である。このような人たちは、全く笑わないか、強いられてしか笑うことはできない。そのことで生きる喜びの見せかけしか示していないのである。

今やなぜ顔が喜びをもたらす人という印象を喚起できる時に、そのことが共感を喚起できるかが明らかになる。共感と反感という感情の謎も、そのことで明らかに照らされ、われわれの理解も深まる。

これとは反対のタイプとして平和を乱すものとして特徴づけられる人、世界を嘆きの谷[2]と見ようと絶え間なく努め、苦痛の中であれこれ思いをこらす人がいる。この大胆な企ては、世界をこのように認識することがわれわれを大いにいぶかしがらせるまでに至っている。まず自分の人格についていえば、途方もない重荷を持って人生を歩もうと不断に努力する人がいる。どんなささいな困難も誇張され、将来に対しては悲観的な見方しか持たず、どんな喜べる機会にもカッサンドラ[3]の叫びしかあげない。彼〔女〕らはどこからどこまでも、自分に対してだけでなく他者に対しても、悲観的であり、どこか身の回りで喜ばしいことが起こると不安になり、どんな対人関係にも、人生の影の面を持ち込む。彼〔女〕らはそれを言葉で行うだけでなく、行動や要求によって、仲間の喜ばしい人生と発展を妨げるのである。

思考及び表現様式

多くの人の思考及び表現様式は、時に非常に具象的な印象を与えるので、われわれはそれを無視することができない。これらの人が考え、話すことは、「靴型拷問具に締めつけられて」いて、いつもよく知られた形で考えたり話すので、常にあらかじめどんなふうに彼〔女〕らが自分を表現するかがわかる。この調子は表面的な新聞報道やつまらない小説に由来することがわかる。それはあまり美しくない花束に比べられる決まり文句である。例えば、次のような表現が使われるのを耳にすることになる。「決着をつける」「レビ記を読む[4]」、また誰かに突き刺さった「短剣で突くこと」、あらゆる種類の外来語である。

このような種類の表現様式は、同様に一人の人を理解するのに役立つ。なぜなら、使うべきではない、あるいは、使ってもよい思考形式と話し方があるからである。そこには悪い文体の陳腐さが響いていて、その上、時に話し手自身を驚かせる。それゆえ、絶え間なく格言を持ち出したり、あるいは、自分が考えたりいうことに対して引用をするのは、他者の判断や批判にほとんど共感できないことを証明している。このような話し方から自由になれず、そのことによって、頭の古さを証明している多くの人がいる。

未熟さ(5)

非常にしばしば会うのは、発達のある点で止まったままであり、生徒の域を超えられないかのような印象を与える人である。彼〔女〕らは、家の中、生活、社交、仕事の場においていつも生徒のようであり、何かをいえるために合図したい時のように待ち構え、いつも耳をそばだてている。彼〔女〕らは集まりで出される問いに、あたかも誰かを出し抜き、そのことについて何かを知っていることを示し、よい点を期待しているかのように性急に答えようといつも努力している。

このような人の本質は、生活の一定の形においてだけ確かさを感じ、生徒のスタイルを適用できない状況に入れば、もはや気分がよくないということである。このようなタイプの人も様々なレベルの違いを示す。あまり共感できない場合は、そのような人は、冷淡で、醒め、社交的ではない感じを与えるか、あるいは、すべてを知っているか、すべてを規則と形式に従って区分しようとする学識の深い人を演じたいと思うであろう。

原理主義者と些事にこだわる人

たしかにいつも何か未熟なところを持っているわけではないが、そのことを思い出させるようなタイプの人は、人生の現象を何らかの原理でとらえようとし、どんな状況においても、一つの原理に従って進み、その原理をいつでも正しいと思い、そこから逸れることはない。そして、人生においてすべてが慣れた正しい道を行くのでなければ不快になる。彼〔女〕らは、大抵は、些事にこだわる人でもある。われわれはそのような人について、非常に不安に感じるので、計り知れない人生をいくつかの規則と公式の中に無理に押し込もうとする人という印象を持つ。そのようにするのは、ただそうしなければ先へ進むことができず、怖いからである。彼〔女〕らは前もって規則を知っていれば、遊びに参加（協力）するが、規則がない状況を前にすれば、そこから逃げてしまう。自分が参加できない遊びが行われていると傷つき、感情を害される。このような方法でも、多くの力が行使されうるということは、明白である。例えば、反社会的な良心の無数のケースを考えよ。このような人たちが抑えがたい支配欲と虚栄心に心を満たされているということを常に見ることができるだろう。

彼〔女〕らが勤勉に働く人であっても、些事へのこだわりや無味乾燥さがつきまとう。これらの現象はしばしば彼〔女〕らが自発的であることを妨げ、そこから堅苦しい人になり、風変わりな性格を呼び起こす。ある人は、例えば、いつも歩道の端を歩くとか、あるいは、足をかける特定の石を探すというような習慣を発達させる。別の人は慣れた道以外はほとんど歩こうとはしないだろう。このようなタイプの人は皆、人生の広大な領域をあまり好まない。彼〔女〕らの性質は、その結果、しばしば途方もない時間の浪費をもたらし、自分もまわりの人も気まずくさせる。新しい状況に入らなければならない瞬間に失敗する。なぜなら、そのことに準備ができていないからであり、規則や魔法の言葉がなければ耐えられない、と信じているからである。

それゆえ、可能な限り、変化を避けようと試みる。例えば、このような人にとっては、春に移り行くことは、困難をもたらす。もう長い間冬に慣れていたからである。暖かい気候になって外へ出て行くこと、それによって多くなる人との関係が彼〔女〕らを驚かせ、機嫌が悪くなる。春になると決まって不快になる。彼〔女〕らは状況の変化にうまく耐えることができないので、大抵あまり自発性が要求されない場所にいる。また自分が変わらない限り、そのような場所にいるのである。なぜなら、このようなことは、生得的な性質、変えられない現象ではなく、人生に対する誤った態度だが、一人の人をすっかり満たすほどの力で心をとらえたので、自分自身ではそれからほとんど自由になることはできないということを常に考慮しなければならないからである。

卑屈

同様に自発性を要求する立場には適していないタイプは、一種の卑屈さに満たされていて、実行する命令があるところでのみ、よい気分になるような人である。仕える人にとっては法律と規則しかない。このようなタイプは、仕える立場を強迫的に求める。そのことを人生の様々な関係において認めることができる。それは、既に外的な態度の中に見られる。通常、そのような人は身をかがめ、他の人に注意を向けるが、聞いたことを熟考するためではなく、同意し、それを実行するためであるような傾向がある。常に卑屈であることを見せることに価値を置く人である。この傾向は、時に信じられない程度で見られる。本当に喜んで服従する人がいる。したがって、常に自分を上に置きたい人に理想が求められるべきだといわれてはならない。しかし、服従することにのみ人生の課題についての真の解決を見ている人の人生の影の面が明らかにされなければならない(6)。

服従が人生の法律であるように見える人が途方もなく多くいるということに思い当たる。奉仕する人という職業があるというのではなく、女性のことを問題にしているのである(7)。女性が服従するということは、いわば書かれてはいないが、すべての人に刻まれた法律であり、まだ教義のように、無数の多くの人が固く保持している。女性は服従するためだけにある、と信じているのである。通常、そのことの結果は、彼らが上に立とうとすることである。このように考えて、人間のあらゆる関係は損なわれ、破壊されているけれども、それは今も常に根絶しがたい迷信のようなものである。

その上、女性の中にも信奉者があって、彼女たちは自分たちが永遠の法律の下に置かれている、と信じている。しかし、このような見方から益を受けたケースは一つもない。その上、何度も繰り返し、誰かが次のように嘆く時がくる。女性が服従していなければ、すべてはずっとよかっただろう、と。

服従を平気で耐える人は誰もいないということを別にしても、このような女性は、次のような小さなケースが示すように、荒廃し、自立しなくなる。ある有名な男性の妻が、夫を愛して結婚したのだが、前述の教義を固く信じており、夫もそれを信じていた。彼女は、時が経つにつれて、完全な機械になり、彼女には義務しかなく、奉仕そしてまた奉仕しかなかった。どんな自立した動きも彼女から消えた。そのことに慣れていたまわりの人は、無論、そのことをあまり不快には思っていなかったが、そのことをよしとしていたわけでもなかった。

このケースは、ただそれが比較的地位の高い人のもとで起こったので、あまり大きく困難なものになることはなかった。しかし、大部分の人が、女性の服従を当然の運命と見ていることを考えれば、そこに多くの紛争の火種を見ることができる。というのも、男性がこの服従を自明のことであると思っていれば、このような服従は実際には不可能なのだから、したいと思えば、いつでも衝突を引き起こすことができるからである。

服従の精神を強く持っているので、支配欲の強い、あるいは、暴力的な夫を求める女性も時に見られる。このような不自然な関係は、しばらくすると、大きな衝突になる。そうなると、これらの女性が〔実際には〕女性の服従を笑うべきものとし、それがいかに愚かなことか証明したいと思っているかのような印象を受ける。

われわれは既にこの困難から抜け出す方法を知っている。男性と女性の共生は、男女のどちらも服従することがない仲間関係、労働共同体でなければならないのである。そのことが、たとえさしあたってはまだ理想であっても、少なくともいつも、人がどれほど文化的に進歩しているか、ないしは、それからどれだけ遠いか、そして誤りがどこで始まったかを知る基準となるだろう。

服従の問題は、性の関係において起こり、男性に解決できないほどの多くの困難となって負担になるだけではなく、国民の生活においても大きな問題になる。かつて古代社会の全体が、その経済的状況と、支配関係において、奴隷制の上に築かれていたということ、おそらくは、今生きている人の大部分が奴隷の家族の出身であるということを考えれば、そして、互いに激しい対立の中で二つの階級が生きた何世紀もが経過したということ、今日も、国によっては、階級的な偏見が原理的に実行されているということを考えれば、服従の原理とそれの要求は、人の心の中になお生きていて、一つのタイプを形作ることが可能だったことが理解できる。

古代においては、労働は恥ずべき仕事であり、奴隷だけが従事するべきであり、主人は労働によって汚されてはならず、さらに、主人は指揮する人であるだけでなく、あらゆるよい性質を身につけていなければならないという見方があったことが知られている。支配階級は「最良のもの」から成り、ギリシア語の aristos（アリストス）という言葉は、両方を意味している。貴族制とは最良の者による支配だったのである[8]。しかし、それは、当然、権力手段によって決められたのであり、徳や長所を吟味してのことではなかった。吟味や分類は、せいぜい奴隷において、したがって、仕える人において行われた。しかし最良の者とは権力を行使する人だったのである。

　われわれの時代に至るまでのわれわれの見方は、人間存在の二つの現象形態[9]のこの共鳴によって影響を受けてきたが、それは人間を互いに近づける努力をしている現代にとっては、どんな意味も意義も失った。〔それにもかかわらず〕偉大な思想家であるニーチェ[10]でさえ、最良者による支配と他者の服従を要求したことを思い出せばいい。仕える人と支配する人に区分することを頭から追い出し、完全に対等であると感じることは、今日なお困難である。このような考えを持つということが既に進歩である。この考えは、われわれを助け、重大な誤りから守るのに適している。なぜなら、非常に卑屈になり、常に喜び、誰にもつまらないことに感謝し、絶え間なく自分が世界にいることにいい訳をする人がいるからである。その際、当然、彼〔女〕らが喜んでこの態度を取っていると考えてはならない。彼〔女〕らはその時、しばしば実に不幸だと考えているのである。

横柄

先に述べた人とは反対のタイプは、横柄で、常に一番の役割を演じたいと思いたい人である。そのような人にとって人生は「どうすれば私はすべての人よりも優ることができるか」[11]という永遠の問いでしかない。この役割は、人間の人生においてあらゆる失敗を伴う。

あまりに敵対的な攻撃と活動性がなければ、ある程度までは、そのような役割を受け入れることはできる。通常、このような人は指揮が必要とされる場所、命令者の場や組織が問題になるところに見られる。これらの場所で彼〔女〕らはほとんど自動的に持ち上げられる。国民が激動の中にある不安な時代にあっては、このような性格の人が現れるが、彼〔女〕らが上層に昇ってくるのはそもそも当然である。なぜなら、彼〔女〕らは、〔支配にふさわしい〕ふるまい、態度、憧れを、さらに大抵、必要な準備と思慮も持っているからである。彼〔女〕らは家庭においては、常に命令してきたのであり、御者、運転手、あるいは将軍になれないような遊びは気に入らなかった。彼〔女〕らの中には、しばしば、他の人が命令すれば仕事ができなくなったり、命令されたことを実行しなければならない時に興奮状態になる人がいる。おそらく準備がよりよくできている他の人は、指導者の役割を独占するところまではいかない。

このような人は、平穏な時代においても、いつも何らかの小さなグループの頂点にいるのが見られる。それは仕事のグループのこともあれば、社会の中でのグループのこともある。彼〔女〕らはいつも前に出る。なぜなら、強引に前に出ようとし、大口をたたくからである。人間の共生の規則をあまりに乱さない限り、それにあまり反対することはない。もっとも、このような人が受ける過剰評価は適切ではない。なぜなら、彼〔女〕らもまた深淵の前に立つ人であり[12]、列に並ぶことはなく、最善の協力者ではないからである。彼〔女〕らは極度に緊張し、安らぎを見出さないだろう。そして、常に大事においても小事においても、優越性を証明したいと思うだろう。

気分屋

人生とその課題への態度があまりに気分に依存しているような人に関しても、心理学がそれを生得的な現象であると考えていれば間違っている。それらはすべて、あまりに野心のある、それゆえ、敏感な性質の人に属していて、人生に満足できない時には、様々な逃げ道を探しているのである。そのような人の敏感さは、前に突き出された触覚のようなものであり、態度を決める前に、あらかじめそれを使って人間の生の状況を探るのである。

さて、絶えず陽気な気分で、それゆえ見せびらかしたり強調して、人生から明るい面を手に入れようとし、喜びと陽気さの中に人生の必要な基礎を創り出す努力をする人がいる。ここにもあらゆる可能なレベルの違いが見られる。自分の中に絶えず子どもっぽい陽気な態度を現し、子どもっぽい仕方の中にまさに何か心をうきうきさせるものを持ち、課題を回避はしないが、遊びのようにそれに立ち向かって解決しようとする人がいる。おそらく、美しさと共感的な態度においてこのような人に優るタイプはおそらくない。

しかし、彼〔女〕らの中に、あまりに人生を陽気に理解しすぎ、真剣に受け止めなければならない状況も陽気に扱い、これに伴って、子どもっぽい性質を現す人もいる。この性質は人生の真剣さからかけ離れているので、そこからよい印象を受けない。いつも不確かな感じを受ける。困難なことをあまりに簡単に超えようとするからである。よくあるように、大抵は、この認識に従って[13]困難な課題からは遠ざけられることになる。たとえ、よくあるように、自分から課題を避けようとしなくてもである。彼〔女〕らが本当に困難な課題に取り組むことはめったにない。

それにもかかわらず、われわれはこのタイプにいくつか共感的な言葉をいわずに別れを告げることはできない。なぜなら、このタイプの人は、普通この社会で支配的な多くの不機嫌な人に対して、それでも快感を起こさせ、このタイプの人を、反対に、いつも悲しげで不機嫌であり自分が出会うどんな事柄についてもその暗い面だけを受け取る人よりも容易に受け入れることができる、といわなければならないからである。

不運な人

共同体の生の絶対的真理に矛盾する人が、人生のどこかの段階で反撃にあうのは、心理学的に自明である。このような人は、大抵、そこから学ぶことはなく、不幸の全体を不当で彼〔女〕らにつきまとう個人的な不運ととらえる。彼〔女〕らはいつもどんな不運にあうか、どんなこともまったくうまくいかず、自分が着手したことはすべて失敗に終わるということを確認するために全人生を過ごす。時には不気味な力がまさに狙っているかのように、あたかも失敗を自慢する傾向さえ見ることがある。この立場を少し考えてみれば、この見方にも虚栄心が悪い戯れをしていることがわかる。これは、あたかも不吉な神が自分だけにとりついているかのように行動したり、嵐の日に雷は自分だけを狙っているに違いないとしか思えず、まさに自分のところに泥棒が押し入ると怖れて悩むような人である。要は、このような人は、どんなものであれ、人生の困難にあうと、いつもあたかも不幸が自分を選び出すかのような印象を持つのである。

　このような誇張ができるのは、自分を何らかの仕方で出来事の中心であると見なす人だけである。誰かが自分は常に不運に見舞われると見ることは、時には慎み深く見えるが、他方、このような人が、あらゆる敵対的な力は常に自分だけに関心を持っていて、決して他の人には持たない、と考えるのなら、実際には、強い虚栄心に満たされているのである。彼〔女〕らは子どもの頃から既にいつもひねくれ、泥棒、殺人者、あるいは他の怖い人たちによって追いかけられている、と見たり、今もなお幽霊や怪物が自分だけを苦しめている、と信じているのである。

　彼〔女〕らの気分はしばしば外面的な行為に表される。憂鬱そうに、いつも少し身をかがめて歩くが、どんなに途方もない重荷を担っているかを見過ごされないためであるかのようである。はからずも一生涯重い荷物を担わなければならないカリアティード[14]を思い出させる。彼〔女〕らはすべてを過剰に深刻に受け止め、悲観的なまなざしで判断する。このような気分でいるので、何かに着手してもいつもすぐにどこかうまくいかないこと、自分自身の人生のみならず、他者の人生をも苦いものにする不運な人であることの説明がつく。そして、ここでも背後にあるのは、虚栄心に他ならない。最初のケースと同じく、一種の尊大さである。

宗教心

このような人は、時に、宗教へと退却することに成功する。ここで彼〔女〕らは以前と本来的に同じことをする。嘆き悲しみ、絶え間なく、苦痛で愛する神を悩ませる。自分自身のことだけで煩わせること以外のことでは神を知らないのである。その際、この並外れて尊敬され敬慕されている方は、本来、自分に奉仕しているのであり、自分のために全責任を持っており、その上、人為的な手段、例えば、とりわけ熱心に祈ったり、あるいは、その他の宗教的な献身をすることによって、自分の方へ呼び寄せることができる、と考えている。要は、愛する神は、彼〔女〕らにとりわけ注意を向けること以外には他に何をしなければならないか全く知らないということになる。この種の宗教的敬虔には不気味な異端的考えがあり、昔の異端審問のような状態が再びくれば、まさにこのような人が真っ先に焼き殺されることを認めなければならない。彼〔女〕らは愛する神に対しても、他の人にするのと同じこと、つまり、いつも哀願し、せびることしかしていない。その際、自分では関係を改善するために何もしないで、そうすることをいつも他の人に求めるのである。

このようなことがどの程度まで進みうるかは、次の十八歳の少女のケースが示している。彼女は非常に行儀がよく有能だった。非常に野心があることはいうまでもなく、宗教の面でも、すべての宗教的義務を良心的に実行することで際立っていた。ある日、彼女は十分敬虔ではなかったり、宗教的な戒めを犯したり、しばしば罪深い考えを持った、と自分を責め始めた。ついに、一日中、自分を責め続けるまでになったので、まわりの人は本気で彼女が正気かどうか怖れ始めた。なぜなら、何一つ非難されるようなことをしていなかったからである。彼女はいつも隅で泣いているようになり、自分を責めてばかりいた。その時、ある牧師が「それは罪ではない。あなたは自由だ」と宣言することで、彼女から彼女の罪の重荷を取り除くことを思いついた。次の日、この少女は通りで牧師に会った。そして彼には教会に入る資格はない、と叫んだ。あれほど大きな罪を背負い込んだからというわけである。

このケースはこれ以上追わないでおこう。しかしこのケースから野心がこの問題においても貫徹しているということ、虚栄心がいかにそれを持つ人を徳と悪徳、純粋と不純、善と悪についての裁判官にするかがわかる。

第五章　情　動

情動は、われわれが性格特徴と名づけた現象が亢進したものである。それは精神器官の時間的に制限された運動形態で、意識的、あるいは、無意識的な強迫の圧力のもとで、突然の爆発のように現れる。そして性格特徴のように目標と方向を持っている。情動は決して謎めいた理解できない現象ではない。それは常に意味を持っているところ、人の生活方式、ガイドラインに対応するところに現れる。それはまた人間の状況を自分の都合のよいものにするために変化をもたらすという目的を持っている。自分の意志を押し通す他の可能性を断念したか、より正確にいえば、そうするための他の可能性があることを信じていないか、あるいは、もはや信じない人だけが獲得することができる強化された動きである。

それゆえ、情動の一つの面は、ここでも劣等感、不足感である。それは、それを持っている人に、あらゆる力を結集し、常よりも大きな動きをすることを強いる。懸命の努力をすれば、自分自身が前面に置かれ、勝利を収めることになる。例えば、敵がいなければ怒りがないように、この情動は敵に対して勝利を収めることだけを目標として持っている。われわれの文化においては、このような大きな動きによって自分を押し通すことは、好まれ、なお可能な方法である。このような方法で自分を押し通す可能性がなければ、怒りの爆発はずっと少ないだろう。

そこで、われわれはしばしば、優越性の目標を達成することに自信がなく、安心できない人が、この目標を放棄せず、もっと力を入れ、情動の力を借りることで、この目的に近づこうとするのを見る。それは劣等感を持った人が、不可避の動きにとらえられた人のように、自分の力を結集し、粗野で文明化されていない民族の仕方で、現実の権利、あるいは、権利と考えられたものを求め、認められようと努める方法である。

情動は、また、個性の本質と緊密な関係にあり、決して、個々の人に特有のものではなく、ある法則性があるので、多くの人に見ることができる。どんな人も、情動に属する事態に入れば、情動に与る。われわれはそれを精神器官の情動待機と名づける。(1) それはすべての人と非常に深く結びついているので、われわれはそれらをすべて経験できる。そして、ある人のことをいくぶんでも知れば、その人の本質に属する情動もそれを知覚していなくても想像できるのである。

心と身体は緊密に結びついているので、情動のような精神生活における非常に重要な事象は、その作用を身体にも表す。情動の身体に伴う現象は、血管や呼吸器官への作用である（脈拍の上昇、紅潮や蒼白、呼吸活動の変化)。

人と人を分離させる情動

怒り

人の力の追求、支配欲をまさに象徴化する情動は、怒りである。この表現形態は、怒る人が直面するあらゆる抵抗を迅速に力ずくで打ち負かすという目的をはっきりと示している。これまでの知識に基づいて、われわれは怒る人の中に、力を振り絞って優越性を求め努力する人を見る。認められようとする努力は、時に、権力への陶酔感に変わるが、この種の人が、自分に力があるという感覚が少しでも侵害されると、怒りの爆発で応えることも容易に説明がつく。彼〔女〕らはこのような、おそらくは、既にしばしば試してきた方法で、最も容易に他者の支配者になることができ、自分の意志を貫徹できる、と感じている。これは決して程度の高い方法ではないが、大抵の場合、うまくいくのである。そして、多くの人は、困難な状況で怒りを爆発させることで、再び自分が認められたことを思い出すだろう。

怒りの爆発がかなり正当化されうる場合がある。このような場合については、ここでは問題にしていない。われわれは、はっきりと、そして強く前面に現れる情動性、怒りが習慣的になっている人のことを考えているのである。そのことから、まさにシステムを作っている人、他の方法を全く持っていないことで目を引く人がいる。そのような人は、横柄で非常に敏感であり、誰かが自分と並ぶことも、自分の上にいることにも我慢ができず、自分が優越しているという感覚を常に必要とし、それゆえ、またいつも誰かが自分に何らかの仕方であまりに近づきすぎないか、自分が十分高く評価されているかどうかを窺っている。通常、それには極端な不信感が結びつくので、誰も信頼しない。

彼〔女〕らにはまた別の、我々が先に境を接すると特徴づけた性格特徴も見られる。[2] より困難な状況においては、このような非常に野心的な人が、どんな真剣な課題からも尻込みし、社会に適応することが困難であるということが起こる。しかし、彼〔女〕に対して何かが拒まれると、ただ一つの方法しか知らない。即ち、近くにいる人が、通常非常に苦痛になる形で、大声で怒鳴り散らすのである。例えば、鏡を割り、高価なものを壊す。しかし、後になって、したことを覚えていないと真剣にいい訳をしようとしても、誰も信じない。まわりの人に当たろうとしている意図があまりに明白だからである。この情動の中にあっても、絶えず何か価値あるものを保持するだろうが、重要でないものはそうしないだろうからである。だから、このような事象には計画がある、とわれわれは見る。

この方法は、おそらく狭いサークルではある程度の効果があるが、このサークルの外では、その効果はただちに失われる。すると、このような人は、情動によってまわりの人とすぐにぶつからなければならない。

この情動の外的な態度に関していえば、われわれはこの情動の名前をあげるのを聞くだけで、このような人が目に浮かぶ。それは完全な力と明瞭さを持って現れる他者への敵対的態度である。この情動は共同体感覚のほとんど完全な廃棄である。そこには、力の追求が入っており、敵対者を滅ぼすところまで進みうる。人の情動の中に性格がはっきりと現れる限り、この現象は、人間知を適用できる、容易に克服できる問題をわれわれに示す。そこで、われわれは怒る人を一貫して人生に敵対している人と特徴づけなければならない。しかしここでも体系へのわれわれの要求を無視しないために、どんな力の追求も、無力感や劣等感に基づいているということをもう一度指摘しなければならない。自分の力の程度に安住している人は、このような攻撃的な動きや容赦のないやり方にまで達することはありえない。この関連は見落としてはならない。まさに怒りの爆発において、無力感から優越性の目標への高まりの全体が、とりわけ明瞭に現れるのである。自尊感情を他者を犠牲にして高めるのは安価な手管である。

怒りの爆発を並外れて容易にする要素の中で、特にアルコールをあげなければならない。多くの人は、しばしば、わずかな量だけで十分である。アルコールの作用は、まずもって、社会的抑制を弱めるか、あるいは、なくすことにあることはよく知られている。アルコールで毒された人は、あたかも教養に与っていないかのようにふるまう。自制や他者への配慮を失う。そして、アルコールを飲んでいない時には、なお注意して抑え、隠せるもの、即ち、仲間に対する敵意が、酔えば抑制されずにあらわになるのである。人生と調和していない人がアルコールに手を出すのは、偶然ではない。そこに一種の慰めと忘却を求めるが、達成したかったができなかったことの口実も常に求めているのである。

怒りの爆発は、大人よりも子どもにより多く見られる。子どもを怒らせるにはしばしば取るに足らぬことで十分である。子どもにおいては、無力感が強いので、認められようと努力していることがはっきりと見られるからである。怒りっぽい子どもは、認められることを求めて闘っているということ、そして、自分がぶつかる障害が克服できないわけではない時であってもとりわけ大きく見えるということをいつも示している。

暴力行為は時に罵倒と並んで、怒りの爆発の内容を形作るが、怒っている人を害するところまで進む。このことから自殺を理解することができる。自殺には、家族やその他のまわりの人に苦痛を加え、そのようにして、自分が受けた侮辱に復讐する努力である。

悲しみ

悲しみという情動は、何かが奪われたり失われた時、そのことを慰めることが容易でない時に生じる。悲しみも、よりよい状況を作り出すために、不快感、無力感を取り除くというきざしを内に秘めている。悲しみは、この観点では、怒りの爆発と同じような価値を持つ。ただし、悲しみは、別のきっかけがあって生じ、別の態度と方法を持っている。

しかし、ここでも〔怒りの場合と〕同じ優越性への線が見られる。怒りにおいては、動きは他者に対して向けられ、怒る人には速やかに高められたという感覚を、相手には敗北〔感〕をもたらすのに対し[3]、悲しみにおいては、まず精神の範囲を狭めるが、悲しむ人は高められた感情と満足感を得ようと努めることで、必然的に、かつ短期に、同様にそれを拡張する。しかし、これは本来的には爆発に他ならない。即ち、たとえ違った仕方であっても、またもや、まわりの人に向けられた動きなのである。なぜなら、悲しんでいる人は、元来、告発者であって、そのことで、まわりの人と対立するからである。悲しみも、当然、人間の本性として自然なものであるが、過度に誇張されると、まわりの人に対する何か敵対的なもの、有害なものを含んでいる。

悲しんでいる人にとって、高められたという感覚は、まわりの人の態度によって与えられる。悲しむ人が、誰かが奉仕し、同情し、支え、何かを与えたり、話しかけることなどによって、しばしば楽になることは知られている。泣いたり嘆くという爆発によってまわりの人に対する攻撃を始め、悲しむ人は告発者、裁判官、批判者となって、まわりの人よりも自分が高くなったと感じられる。要求、懇願という特徴がはっきりと見られる。まわりの人は、ますます多くの仕方で要求される。悲しみは、他者にとって強制的で反駁できない議論、それに対して屈しなければならない議論のようである。

したがって、この情動も、下から上に向かう線を示し、安定を失わず、無力で弱いという感覚を取り除くという目的を持っている。

誤用

情動の現象は、それが、自分の個性を発揮させるために、即座に劣等感を克服する可能性を示し、その方法を示すことが明らかにされるまでは、長らく理解されなかった。それゆえ、情動を待機して身構えることは、人間の精神生活においてかなり広く使用される。子どもが冷遇されていると信じて怒るか、あるいは、悲しんだり泣いたりすることで、取るに足らない機会にこの方法を試す機会を持っている時、この態度決定をし始め、情動をそこから利益を引き出すために用いる道に容易に入ることがある。この情動を用いることは、習慣になり、もはや正常とは思えない形になることがある。そこで、この情動が、後に大人の生活において、いつも誤用されることが見られ、ただ目標を達成し、何かをやりとげるためだけに、遊びの時のような仕方で、怒り、悲しみ、あるいは他の情念が引き起こされるところで、かの価値のない有害な現象が現れる。何かが拒否されたり、あるいは、支配が侵害されそうな時に、このような状態がまさに必ず現れるのである。例えば、悲しみは、名誉の表現を意味する時には、しばしば、激しく執拗に表されるので、反感を引き起こす。時に、まさに悲しみで競争が行われることがあるのを見るのは興味深い。

身体的な随伴現象も同じように誤用されうる。怒りの栄養器官への作用が非常に強いので、怒っている時に吐く人がいることが知られている。そのことによって敵意の表現は、なおも激しいものになる。吐くことは、他者を糾弾すること、貶めることを意味する。悲しみの情動は、しばしば、食物を摂らないという形で現れる。そこで、悲しんでいる人は、痩せていくように見え、まさに「悲惨な光景」を見せることになる。

これらの形がどうでもいいわけではないのは、まさにそれによって、他者の共同体感覚を動かすからである。即ち、共同体感覚を表現することで、大抵、情動を鎮めることができるからである。しかし、他者の共同体感覚を自分に向けることを大いに求めるので、(4) 例えば、悲しみの段階から出たくない人がいる。なぜなら、多くの人が友情や同情を示すので、自尊感情が並外れて高められることを体験するからである。

〔しかし〕怒りと悲しみは、われわれの同情を様々な程度で引き起こすけれども、人と人を引き離す情動である。人を結びつかせず、共同体感覚を傷つけることによって、対立を呼び起こすのである。悲しみは、無論、(5) そのさらなる経過において、結びつきを呼び起こすが、しかし、両者が共同体感覚に関与するという正常な仕方ではなく、まわりの人をもっぱら与える役割に固定することになる。

嫌悪

人と人を引き離すものは、十分に形作られていないが、嫌悪の情動にも見出される。嫌悪は、身体的には、胃壁が一定の仕方で刺激される時に起こる。しかし、同様に、精神の領域からも何かを吐き出そうとする動き、努力がある。ここに、この情動の人と人を引き離す要素がある。次のような現象が確証を与える。身を逸らすふるまいである。しかめっつらは、まわりの人の断罪や、拒否の態度を示すことで〔問題を〕処理することを意味する。

この情動は、誤用された仕方で、事情によっては、嘔吐感を呼び起こすことによって、不快な状況から逃れるために利用される。嫌悪は、おそらく他のすべての情動とは反対に、とりわけ容易に恣意的に呼び起こされる。特別の訓練によって、このようにして、周囲の人から解放されたり、あるいは、攻撃をすることが困難ではなくなるまでになる。

不安（恐怖）

不安は、人間の生において重要な意味を持っている。この情動は、それが人と人を引き離す情動であるだけでなく、悲しみの場合のように、その結果、他者と独自に結びつくようにするということによって複雑になる。例えば、子どもは、不安になって状況から逃げるが、他の人のところへと走っていく。しかし、不安のメカニズムは、まわりの人への優越性を直接表現するのではなく、見たところ最初は、敗北の表現になる。ここでは態度は、小さく見せることである。ここからこの情動の人と結びつける面が始まるが、それは同時に優越性の要求を自らの内に秘めている。不安な人は、他の〔人の〕状況という避難所に逃れ、このような仕方で、再び危険に太刀打ちし、勝利を収めるために自分を強めようとする。

われわれは、この情動において、器官に深く根ざした事象を問題にしなければならない。それは、そこに反映されているすべての生き物の根源的不安である。人間においては、それは特に普遍的な不安と自然に対する弱さに根拠を持っている。人生の困難についての認識は、非常に不十分なので、例えば、子どもは一人では勝手がわからない。そこで、他者が子どもに欠けているものを補わなければならない。子どもはこの困難を生まれてすぐに外界の制限が始まる瞬間に感じる。子どもは、その安全でない状態から抜け出そうと努力する時に、失敗し、悲観的な人生観を持つという危険が常にある。その際、まわりの人の援助や配慮を当てにする性格特徴が発達する。人生の課題からの隔たりが大きければ、それだけ用心深くなる。しかし、このような子どもたちが、ひとたび前に進むことが必要になると、自らのうちに後退の計画を持ち、常に半ば逃避する方へと向き、〔その時〕彼〔女〕らの最も頻繁で顕著な情動は、不安であるということになるのである。

既にこの情動の表現運動において、とりわけ表情において、反撃行動の始まりが見られる。しかし、それは直線的で攻撃的ではない。時には、このような現象は、病的に悪化し、そして、多くの場合、精神の働きをとりわけ容易に洞察することを可能にする。われわれは、その時、あたかも不安な人の他者へと向かう手が、他者を自分の方に引き寄せてしっかりと保持するためにつかまえていることをはっきりと感じる。

この現象をさらに考察すると、われわれが既に不安の性格特徴を考察した時に学んだ洞察に到達する。誰かを自分の人生のための支えとして求める人が常に問題である。他者がただ不安な人を支えるためにだけいるかのようでも、実際には、そのことは、支配的関係を確立する試みに他ならない。さらに見れば、このような人が、自分はことのほか受け入れられなければならないという要求を持って、人生の中をあちらこちらを歩き回るのが見られる。彼〔女〕らの自立は人生との正しい接触から大きく隔たってしまったので、この特権を並外れて激しく要求する。彼〔女〕らが他者との交わりをどれほど求めても、共同体感覚はほとんど持っていないのである。そこで不安であることを表現すれば、特権的な立場を作り出し、人生の要求を回避し、他者を自分に奉仕させることになる。不安は、ついには、日常の生活のあらゆる関係の中に巣くうことになる。それはまわりの世界を支配するための有効な手段になったのである。

人と人を結びつける情動

喜び

われわれは、喜びの情動において、はっきりと〔他者との〕結びつきを見る。それは孤立を許さない。それの表現、つまり、他者を求めること、抱擁などにおいて、協力すること、分かち合うこと、共に楽しむという傾向が示される。その態度も人と結びつけるものであり、いわば手をさしのべること、他者へと向けられ他者をも同じように高める暖かさである。結びつきへのあらゆる要素がこの情動の中にある。

ここにも上昇する線がないわけではなく、不満足感から優越感へと達する人がいる。喜びは、元来、困難を克服するための正しい表現である。笑いは、喜びと手を取って人を解放し、いわば、この情動の要石となるものである。それは自分の人格を超え、他者との共感を求める。

ここにも人間の本質によって制約されうる誤用の現象がある。メッシーナの地震[6]のニュースを聞いた時に、はっきりと喜びの印を示し、大きな声でわっと笑った患者の場合、より仔細に調べれば、そもそも笑ったのは、悲しみの中で自分が小さいと感じることがないようにするためで、そうすることで、悲しみを回避し、他の情動に近づこうとしたことがわかった。頻繁にある誤用は、とりわけ他者の不幸を喜ぶ気持ちである。これは不適切な場所に現れ、共同体感覚を否定し傷つける喜びである。それは既に人と人を離す情動であり、それによって、他者に対する優越性を求めるものである。

同情

同情は共同体感覚に対する最も純粋な表現である。それが人にあるのを見れば、一般にその人の共同体感覚について安心できる。なぜなら、この情動においては、人がどれほど仲間の状態に感情移入できるかが示されているからである。

おそらくは、この情動そのものよりも、それの誤用が広く見られる。それは、自分がとりわけ強い共同体感覚を持っている人であることを証明すること、したがって、誇張することにある。それは不幸に際して常に出しゃばる人であるが、何かをするわけではない。このような仕方で、安直に公の名誉を得るために、自分の名前が報じられることだけを願う。あるいは、本当に他者の不幸を喜んで飛び回り、そうすることを止められない人である。このように熱心に善行をする人は、その活動によって、まず第一に、貧しい人や哀れな人に優越しているという解放的な感覚を創り出すのである。人間のこのようなタイプに関して、偉大な人間知を持った人であるラ・ロシュフーコー(7)はかつていった。「われわれは常にわれわれの友人の不幸に一種の満足を感じる用意ができている」

悲劇を見る時に喜びを感じることが、誤ってこの現象に帰されることがある。あたかも人間は「舞台上の登場人物よりも」優れていると感じるかのようにいわれてきた。しかし、大抵の人にはこれは当てはまらないだろう。なぜなら、われわれの悲劇の中の出来事への関心は、大抵、われわれが自分を知ること、自分で学ぶことを願うことに由来するからである。これは劇にすぎないという思いはわれわれを去ることはなく、われわれはそこから人生に対する準備が促進されることを期待するのである。

羞恥心

人と人を離すと共に結びつける情動は、羞恥心である。それもまた共同体感覚が作り出したものであり、そのようなものとして、人間の精神生活からなくなることはない。人間の共同体は、この情動なしには不可能だろう。

この情動は次のような状況において現れる。即ち、人間の精神的な領域が攻撃された結果、自分の個性の価値が下がった時、またとりわけ、どんな人間も意識している尊厳の中の何かが失われる怖れがある時である。その際、この情動は、身体に強い影響を及ぼす。身体的には毛細血管の拡張が起こる。そのことによって、充血が起こり、それは大抵、顔に見られる。胸まで赤くなる人がいる。

外的な態度は、まわりの人から離れることであり、むしろ、逃避の意志表示である不機嫌と結びついた退却の身振りである。顔を背けること、目を伏せることは、逃避の動きであり、この情動における人と人を引き離すものをわれわれにはっきりと示す。

ここで再び誤用が始まる。目立って容易に赤くなる人がいる。そのような人は、普段も、仲間への関係の中で、結びつけるものよりも引き離すものをより鋭く強調するのである。赤くなるのは、社会から退くための手段である。

付録

教育に関する一般的コメント

この場所で、これまで折に触れてしか言及できなかったテーマについて、なおいくつかのことを付け加えたい。それは家庭、学校、そして人生における教育の精神器官への影響に関することである。

今日の家庭における教育が、力の追求、虚栄心の発達を並外れて促進していることは疑いない。誰もが自分の経験にもとづいて、そのことの例をあげることができる。無論、家庭は否定できない長所を持っており、正しい指導がされれば、家庭よりも子どもたちがよりよく育てられる制度はほとんど考えることはできない。病気の時は、家庭は、まさに人類の維持に最も適しているということがわかる。そして、親を、子どもの精神的な失敗を既にその萌芽のうちに認め、適切な処置によって克服するために必要な炯眼《けいがん》を持つ、いつもよき教育者であると考えることができれば、有能な人間を育てるために家庭ほど適切な制度はない、とわれわれは喜んで承認するだろう。

しかし、残念なことに、われわれは親がすぐれた心理学者でも、すぐれた教育学者でもないことを否定できない。今日、家庭教育において主役を演じているのは、様々な程度の悪化している家庭エゴイズムである。これは、一見正当に、自分の子どもが、たとえ他の子どもを犠牲にしても、とりわけ庇護され、何か特別なものと見なされることを要求する。そこで、まさに家庭教育は、子どもたちに、他者に対して常に優越しなければならず、自分を何かよりよい者として見なすような考えをいわば植えつけることによって最も重大な誤りを犯しているのである。

ここにさらに、父親のリーダーシップ、父親の権威という考えから離れようとしない家庭の組織そのもの〔の問題〕が加わる。そのことで不幸が始まる。このただわずかしか共同体感覚にもとづいていない権威は、たちまち公然の、あるいは、隠された抵抗へと導く。それが速やかに承認されることはおそらく決してない。その最も重大な欠点は、権力の所有と結びついている利点を示し、子どもたちに権力を渇望させ、野心を持ち、虚栄心を持たせることで、子どもたちの力の追求に模範を示すことにある。子どもたちは今や皆行きすぎ、尊敬され、まわりの人の中で最も強い人において見てきたのと同じ従順と服従を要求し、そのようにして、親やまわりの他の人に敵対的な態度を取るようになる。

このように、われわれの家庭教育において、子どもに常に優越性の目標が思い浮かぶことは、ほとんど避けることができない。本当に小さい子どもにもいばりちらすことが既に見られる。そして大人になったずっと後でも、時に家族状況を無意識に想起して、全人類をあたかも今もなお家族であるかのように扱ったり、あるいは、そのような態度を取ることに失敗した時は、自分を好まなくなった世界から退却し、孤立した生活を送る傾向を示すことが見られる。

家庭は、無論、共同体感覚を発達させることに適してもいるが、力の追求と権威についていったことを思い出せば、それはある程度までのことである。最初の愛情の経験は、母親との関係において生じる。それは子どもにとって仲間の最も重要な体験である。それによって子どもは信頼できる人間、「汝」を知り、感じる。(1) ニーチェは、誰もが自分の恋人の理想像を自分の母親との関係から創り出す、といっている。既にペスタロッチ(2)が、母親がどのように子どもにその他者への関係のための導きの星になり、総じて、母親への関係があらゆる子どもの表現にとっての枠を形作るかを指摘している。

母親のこの機能において、子どもの中に共同体感覚を発達させる可能性が与えられている。この母親への関係から既に注目に値する個性が子どもに現れる。それは、その方向によって、私たちの目を引き、ある種の社会的欠陥を見出すことになる。とりわけ起こりうる二つの誤りがある。

一つは、母親がこの機能役割を果たさず、それによって、子どもの共同体感覚を発達させないという誤りである。この誤りは非常に重要なので、無数の不快なことが起こる。子どもは敵国にいるかのように育つ。このような子どもをよくしようとするならば、かつて子どもが逸した役割を引き受けるしかない。それはいわば子どもから仲間を作る道である。

大抵なされるもう一つの主たる誤りは、おそらくは母親は役割を引き受けるが、しかしあまりに強く、過剰な仕方で引き受けるので、共同体感覚を〔母親以外の人に〕移すことができないということである。母親が、子どもの中で発達した共同体感覚を自分に〔だけ〕注がせるのである。即ち、子どもは母親にしか関心を持たず、残りの世界は閉め出される。それゆえ、このような子どもも社会的な人間になるための基礎が欠けているのである。

母親への関係の他にも、教育には注意しなければならないさらに他の多くの重要な要素がある。とりわけ、快適な家庭教育は、子どもがこの世界に喜んで心軽やかに順応することを可能にする。大抵の子どもたちが、どのような困難と闘わなければならないか、大抵の子どもたちにとって、生まれて最初の数年の間に、世界を快適な滞在場所として見ることがいかに容易でないかを考えれば、最初の子ども時代の印象が並外れて重要であることがわかる。なぜなら、それは子どもにさらに探求し進んで行く方向を与えるからである。その上、どれだけ多くの子どもが生まれながら病気であり、この世で悩みと苦しみしか経験しないこと、大抵の子どもたちは〔適切な〕家庭教育を受けていないということ、あるいは、生きる喜びを呼び起こすことができるような形では受けていないということを考えれば、彼〔女〕らが人生と社会の友として育たないということ、正しい仲間社会においいては開花し、展開しうる共同体感覚には満たされないことが明らかになるだろう。

さらに教育の誤りはきわめて重要なものになりうることを考慮しなければならない。厳格で過酷な教育が子どもたちの生きる喜びと協力を妨げることも、子どもからどんな些細なことも道から取り除き熱帯の暖かさで包むことも、子どもが後になって家庭の外を支配している過酷な気候に耐えられないようにする。

かくして、今日、われわれの共同体における家庭教育は、われわれが人間社会の十分価値のある、仲間としての協力者から期待することを遂行するには不適切である。それは人をあまりに虚栄心を追求するようにしているからである。

そこで、子どもたちの教育における誤りを取り除き、改善をもたらすことができるどんな制度を問題にできるかを問えば、われわれの注目は、まず最初に学校に向けられるだろう。しかし、より厳密に調べれば、学校も今日の形においては、この役割には適していないことがわかる。今日の学校の状況においては、子どもの誤りをその本質において認識し取り除けると誇れる人は、おそらくほとんどいないだろう。教師はそのためには準備できていないし、そうすることもできない。なぜなら、教師は子どもたちに伝えなければならない教育プランは持っているが、その際、どんなタイプの子どもたちに取り組むのかを配慮していないからである。学校の教室にあまりに多くの子どもがいることも、教師がこの課題を果たすことを不可能にしている。

われわれは、それゆえ、われわれがまとまった民族へと一体化させることを妨げるこの家庭教育の欠陥を取り除く制度がないか、さらに広く見回さなければならない。おそらく、多くの人は、それは人生だと考えるだろう。しかし、それにもそれ自身の事情がある。既に先にいわれたことからだけでも、人生は人を変えるには適していないことが十分わかる。たとえ時に適していると見えるとしてもである。既に人間の虚栄心や野心がそのことを許さない。たとえ誤りを犯しても、そのことは他者に責任がある、あるいは、他にはありようはなかったという感覚を常に持つだろうからである。失敗した人が、自分が犯した失敗について熟考することはめったにない。経験の利用についてのわれわれの論述(3)を思い出す。

そこで、人生も本質的な変化をもたらさない。そして心理学的にもそのことは理解できる。人生は既に完成した人間を受け入れるからである。即ち、見方が定まった人間、優越性の目標へと努力する人間である。人生は逆に悪い教師でさえある。なぜなら、寛容ではなく、われわれに警告を出さず、教えず、われわれを冷たく拒み、失脚させるからである。

この問題を見渡す限り、次のことを確かめるしかない。即ち、助けになる唯一の制度は学校である、と。学校はいつも誤用されるのでなければ、助けになることができるだろう。なぜなら、これまでは学校を手に収める者は、学校を自分自身の、大抵は虚栄心のある、野心的な計画のための道具にしてきたからである。それは長く続けば有効に終わらせることはできない。そして最近では、昔ながらの権威が学校において再建されるべきだという声を聞くが、いったいこのような権威が以前にそもそもそれほどよいことをなしとげたかを問わなければならない。われわれは権威がいつもどれほど有害だったかを見てきたのである。状況がより有利な家庭においても、ただ一つのことしかもたらさない。即ち、皆が権威に反抗するということである。

その上、権威は自然に確立されるものではないので、それゆえ、強いられなければならない。学校においてさえ、権威は、それがそもそもあるのなら、完全に認められることは稀である。それに子どもは、教師は国家公務員であるという明白な意識を持って学校に入ってくる。権威を強いることは、子どもの精神発達にとって有害な結果をもたらすことなしには不可能である。権威感は強制的な影響力の行使に基づいてはならず、共同体感覚に基づいていなければならない。

学校はどんな子どもも精神的な発達の途上で入る状況である。それゆえ、好ましい精神的発達の要求を満たさなければならない。それゆえ、学校が精神器官の発達条件と一致している時にのみ、よい学校だといえる。われわれはこのような学校を初めて社会的学校と呼ぶことができるのである。

結　語

　われわれはこの仕事において、精神器官は生得的で精神的、身体的に機能する実体から発しているということ、その展開は、完全に社会的な条件の下に置かれているということ、即ち、一方で有機体の要求、他方で人間社会の要求を満たさなければならないことを論述することを試みた。これはその内側で精神器官が発達し、それに道が示される枠である。

　われわれはこの発達をさらに追求し、知覚、想像、想起、感覚、思考の能力について考察し[1]、最後に性格特徴と情動の論述へと移った[2]。そして以下のことを確認した。これらの現象はすべて互いに切り離すことができない連関の中にあるということ、それらは、一方で共同体の法律に従い、他方で個人の力と優越性の追求によって、一定で独自の道へと向けられ、形作られるということである。われわれはまた、人間の優越性の目標は、共同体感覚と結びついて、発達の様々の段階に従って、具体的なケースにおいて、一定の性格特徴に導いていくことを見た。それは生得的なものではなく、心の発達の最初から、どんな人も多かれ少なかれ意識的に思い浮かべている目標まで、いわば導線によって配列されるような形で発達するということである。

われわれは人間を理解するための価値ある指標であるこのような多くの性格特徴と情念について詳細に論じてきたが、他のことについては少し言及しただけである。最後に示された展望は、個人の力の追求に応じて、どんな人間においても、野心と虚栄心が蓄積され、その現象形態において、この追求と作用の仕方を認識できるということだった。われわれはいかにまさに野心と虚栄心の過剰な発達が、個人の秩序に従った発達を妨げ、共同体感覚の発達を抑制し、それどころか不可能にするか、それが常に人間社会を妨害する形で介入し、しかし同時に、個人とその努力を挫折させるかを示した。

この心の発達の法則は、われわれには否定できないものであり、暗い動きに屈しないでおこうとし、自分の運命を意識して築く努力をするすべての人にとって最も重要な指標であるように思われる。われわれはこの探求に基づいて他のところではほとんど育成されていないが、しかしわれわれには最も重要で、国民のあらゆる層にとって欠くことのできない仕事に思える科学である人間知を追求しているのである。

訳注

第一章

（1）ダニエル・デフォー（一六六〇～一七三一）が書いた小説の主人公。
（2）忠僕フライデーに出会うまでは。
（3）アルフレッド・アドラー『人間知の心理学』岸見一郎訳、アルテ、二〇〇八年、二四頁以下を参照。
（4）力への意志、優越性の追求は、今日、普遍的に見られるが、それをどう扱うかについては、アドラーは考えを変えていっている。本書におけるこの問題についての思想は過渡的であり、やがて改められる。
（5）ライフスタイルと同義で用いられる。
（6）厳密にいえば、まわりの人をどう見るかが問題で、「仲間」と見る人もいれば敵と見る人もいるわけである。注（15）を参照。

（7）私がここに言及されている性格を用いるのであって、性格が私なのではない。

（8）通常、行為の目標、目的について当の本人は知らない。

（9）反社会的な見方が子どもに前例として伝えられるという意味である。

（10）本書は *Menschenkenntnis*（『人間知』）という題の本の第二編である。人間知というのは、自分や他人についての知だが、他者との関係から離れたものではなく、実践的に習得され、生きることの現場から離れたものであってはならない。原文はつながりがよくない。このパラグラフにおいては、人が他の人をよく理解し、その性格をよりよく理解できるようになれば（これが人間知である）、優越性の追求はされなくなるだろう、と仮定的に語られている。しかるに、現実には優越性が追求されている。「なぜなら、われわれの人間知はまだ十分なものではないからである」と続くのだろう。

（11）ただ優越性、力を追求するという事実を指摘し、ものごとを善悪に分けるけれども、そこに留まり（これが客観的という意味である）、それではどうするのかという視点が欠落していたのが、これまでの見方である。

（12）『人間知の心理学』第三章、五章。

（13）ここでは育児、教育においては、子どもが劣等感を持っていることを考慮に入れることで、大人が子どもにどう関わるかを決めるのである。
（14）経済的に困難な状況で生きる子どもたちと、身体に障害のある子どもたち。
（15）人と人（Menschen）とが仲間として結びついている（mit）と感じられることが、共同体感覚（Mitmenschlichkeit）があるということの意味である。
（16）原文にある「感覚」（Gefühl）はいらないだろう。
（17）共同体への所属感は人の最も基本的な欲求である。
（18）空想、あるいは白日夢については、『人間知の心理学』六二頁以下を参照。
（19）子どもを無視したり、甘やかすことなどを指す。
（20）mitspielen は遊びに参加するという意味だけでなく、協力するという意味もある。共に協力作業をするのに適さない人、協力作業を台無しにする人という意味も重ねているのである。
（21）アドラーが創始した個人心理学（Individualpsychologie, individual psychology）は、人を身体と心、理性と感情、意識と無意識というふうに分割できない（individuum）存在として捉えることが重要な特徴である。
（22）古代ギリシアの医師。医学の祖、医学の父といわれる（前四六〇頃〜前三七五頃）。
（23）小アジア、ペルガモンに生まれた医学者、哲学者であるガレノス（一二九頃〜一九九）は、ヒッポクラテスの、人体には血液、粘液、黄疸汁、黒胆汁の四種類の体液があるとした説を受けて、アドラーが以下において紹介する四つの気質を考えた。

（24）Kretchmer, Ernst. *Charakter und Temperament*, 1921 参照（原注）。

（25）Adler, *Studie über die Minderwertigkeit von Organen* 参照（原注）。

（26）イギリスの評論家、歴史家（一七九五～一八八一）。

（27）例えば、ここでの議論を踏まえていえば、器官劣等性がある人が必ず劣等感を持つわけではなく、それを持つようになるかは人が自分に、あるいは自分が人に対人関係の中でどのような位置づけをするかにかかってくる。本書で問題とされている性格も素質ではなく、対人関係の中で自らが決めていくわけである。

第二章

（1）原語は unsachlich。事実や現実（Sache）に即していないという意味である。『アドラーを読む』（岸見一郎、アルテ、二〇〇六年）一七〇頁以下を参照。

（2）例えば、実際に幸福で「ある」（Sein, glücklich sein）ことよりも、幸福であると思われる、あるいはそのように見える（Schein, scheinen glücklich ze sein）ことを気にする人は、現実に幸福でなくてもいいとまで考える。もちろん、このような考え方は unsachlich である。

（3）原語は Ehrgeiz。功名心、名誉欲というような言葉が訳語として使われるが、虚栄心を覆い隠しているにすぎないといわれるように、まったく否定的でも、また肯定的な意味でもない「野心」を当てた。野心は、新しいことに大胆に挑戦する気持ちであると共に、野望と同義で身分不相応な大きな望みという意味で使われることがある。田辺聖子の『花衣ぬぐやまつわる……』には、大学に進学したいといった女性が、親類から、それは「虚栄心」だといわれたのに対して、「そうじゃない、向上心だ」といった話がある。「向上心」では虚栄心を覆い隠しているか、判断は難しい。

（4）課題の解決それ自体はもはや問題にはならず、どちらが正しいかを証明することだけが重要になってくる。かくて、現実との接点を見失ってしまう。

（5）自己中心的であるという意味である。

（6）ディオゲネス・ラエルティウスの『ギリシア哲学者列伝』（第二巻第五章）に次のようにいわれている。アンティステネスが上衣をひるがえし、綻びたところを人目につくようにした時に、ソクラテスがいった。「僕にはその上衣を通して君の虚栄心が見える」

（7）だからここでは概略することしかできないということである。

（8）優越性の追求である。後の著作においては、優越性の追求それ自体が問題とされているのではなく、誰もが持つとされる。ただし、個人的な優越性の追求は斥けられる。前者の意味での優越性の追求であれば、ここでいわれているような「上」に向かうイメージが喚起されるのは望ましくないだろう。この点については、『アドラーを読む』（岸見一郎）八九頁を参照。

(9) フランスのモラリスト、一六一三〜八〇。
(10) 他者の価値を落として、優越感を得ようとするのである。
(11) 自分が病気であると漠然と感じること。
(12)『人間知の心理学』六七頁以下を参照。
(13) このような患者は、他の人の共同体感覚をいわば濫用し、そのことで優越感を得るわけである。
(14) 他者のことを気遣っているように見えるが（これが彼女の虚栄心である）、実はその目的は他者の支配である。
(15) 広場恐怖症についての第三章注（4）を参照。
(16) 人はこの共同体の生においては、ただ受けるだけではなく、与えなければならないということである。
(17) 空想ではなくて、という意味である。
(18)『使徒言行録』二〇章三五節。
(19) イエスに、永遠の命を得るためにはどんなよいことをすればいいのかと問うた男の話がある（『マタイによる福音書』一九章）。掟を守るようにといわれた男はいった。「そういうことはみな守ってきました。まだ何が欠けているのでしょうか」。そこでもしも完全になりたいのであれば、持っているものをすべて売り払い、貧しい人々に施すようにいわれた男は悲しみながら去った。たくさんの財産を持っていたからである。しかしたとえ、彼がイエスがいうように財産をすべて売り払ったとしても、永遠の命を得ることはできないであろう。アドラーが後に宗教について問題にしている箇所でいうように、虚栄心を満足させようとしているだけだからである。

(20) 一七九〇年の作品。

(21) ものではなく、人格として、という意味。

(22) デンマークの童話作家（一八〇五〜一八七五）。ただし、ここに言及されている童話は Ludwig Bechstein のものか（*Mann und Frau im Essigdrug*）。

(23)『創世記』一章二六節。

(24) 働くことなく快楽を追い求めることができる国、怠け者の楽園。

(25) 実際に無能力である（sein）というのではなく、彼には自分が無能力だと思われた（scheinen）のである。

(26) 第二章注（25）参照。

(27) 一八四八年。未完。若い女性ネートチカが少女時代を振り返ってつらい体験を語る自伝の形を取る。ここでアドラーが言及しているのは、継父エフィーモフ。

(28) いずれも激しい妬みを意味するドイツ語の表現。黄色は妬みの色とされる。妬みが白く、あるいは、黄色くなるというのは、ねたみで目のくらむ思いがするということである。

（29）いつまでも恨みに思う、長く根に持つ（nachtragen）ということである。
（30）オーストリアの劇作家（一七九一～一八七二）。
（31）セクストゥス・エンピリクス Sextus Empiricus, *Adversus Mathematicos i.* 287。天網恢々疎にして漏らさず。

第三章
（1）他者に貢献する能力を指す。
（2）人生の課題を逃れるために過去、死、病気ばかり考える人。回避しなければ、自分の真価があらわになってしまうからである。
（3）現世ではなく、彼岸に希望を抱く人。
（4）広場恐怖症の人は、自分が敵意ある迫害の標的だと考え、外の世界が怖いので外に出ないのではなく（このような見方は原因論である）、外に出れば、自分が注目の中心になれないからである。
（5）第一章注（17）を参照。
（6）ハプスブルク家の支配が長年続いていたが、第一次世界大戦の敗北によってオーストリア＝ハンガリー帝国は一九一八年に解体、オーストリアは共和国になった。
（7）課題を前にし、それに取り組んでいるはずの人が、別のところで見出される。つまり、当の課題に取り組むのではなく、別のところで、例えば、ここで扱われている臆病を例にしていうならば、課題を前にして臆病になったといい、その臆病そのものを克服しなければ課題に直面できない、と克服しようとしていると見せて、課題から距離を置く、あるいは、足踏みをするのである。

（8）課題に取り組むに当たって過剰に安全であることに注意を払い、そのための準備をするが、課題をなしとげるためというより回避するための口実になってしまう。

（9）原文では「第一」になっているのを訂正した。第一の人生の課題は対人関係（交友）の課題、第二が仕事の課題、第三が性の課題、及び、愛と結婚の課題である。

（10）帝国主義に見られる力の追求の特徴を持った、という意味である。

（11）こうして、仕事、交友、愛という三つの人生の課題において失敗したのである。

（12）これが、帝国主義的ということである。

（13）本章注（7）を参照。アドラーがよく使う言葉でいえば、人生の前線とは違う場所というふうにいうこともできる。

（14）アドラーの基本的な立場。人は客観的な世界ではなく、自分が意味づけした世界に生きている、とアドラーは考える。

（15）ギリシア神話で、人間の思い上がりに罰を下した神。人間に幸福と不幸を分配する。

（16）もちろん、ここでは比喩的にいわれている。分岐点ではどちらに行くかを決めなければならないが、自分の責任で決めたくない人がいるわけである。

(17) ここでは「無作法」(Unerzogenheit) と訳したが、社会的に受け入れられないふるまいのことである。

(18) なぜ、夜尿症が職場の人を怒らせたか、わからない。

(19) 症状だけに注目するのではなく、対人関係の中で見るということである。

第四章

(1) ドストエフスキーは、『未成年』の中で笑いについて分析している。「もし人間を見分けたい、人間の魂を知りたいと思ったら、その当人の沈黙している様子や、しゃべったり、泣いたりしている具合や、あるいはさらに進んで、高潔なる思想に胸を躍らせている状態に注意するよりも、むしろ笑っているところを見たほうがよい。笑い方がよかったら――それはつまり、よい人間なのである」といっている(『未成年』米川正夫訳)。

(2)『詩篇』(八四章七節)。ここでは、アドラーがあげているタイプの人とは違って、神によって勇気を出し、心に広い道を見ている人は「嘆きの谷を通る時にも、そこを泉とするでしょう」といわれている。

(3) アポロンに愛されて予言の能力を授かったが、求愛を断ったがために、予言を誰も信じないようにされたといわれる。トロイアの滅亡を予言したが無視された。カッサンドラの叫びしかあげないというのは、不吉なことしかいわないということである。
(4) 厳しく説教するという意味。『レビ記』は旧約聖書、モーセ五書の第三書である。
(5) ここでは未熟さと訳したが、文字通りには、生徒のような、生徒じみた、という意味である。
(6) ここでは、支配する（自分を上に置く）ことと服従する（自分を下に置く）ことが対置されているのである。
(7) ここで問題にされる女性については、アドラー『人間知の心理学』一四三頁以下を参照。
(8) aristos は agathos（よい）の最上級である。aristos を語源とする Aristokratie, aristocracy は、貴族階級あるいは貴族制という意味であると同時に、エリートあるいは最優秀者制という意味になる。
(9) 奴隷制と貴族制を指す。
(10) ニーチェ（一八四四〜一九〇〇）は、古代ギリシアの貴族主義の価値基準を復活させ、ここでいわれる貴族＝最良者による必要を説いた。
(11) すべての人を支配する（＝すべての人の上に立つ）という意味でもある。服従は、これに対して、自分を下に置くことである。
(12) 彼らも誤り、そのために破滅することがありうるという意味である。

（13）真剣に課題に取り組んでいないと判断されるわけである。
（14）古代ギリシア建築の梁《はり》を支える女神像。

第五章

（1）いつも情動を発する準備ができているということである。一三四頁参照。
（2）情動と性格の関係については一二七頁で言及された。
（3）敗北は、ドイツ語では、下に置かれるという意味になる。第四章注（6）参照。
（4）怒ったり、悲しんでいる人のことをまわりの人は放っておくことができず、注意、関心を向け、何とかしようとするわけである。
（5）両者が互いに貢献するということである。
（6）一九〇八年十二月二十八日に起きたこの地震でイタリア南部の港湾都市であるメッシーナは壊滅状態になり、死者は七万五千人を数えた。
（7）フランスのモラリスト（一六一三〜八〇）。

付録

（1）私と汝の違いを学ぶということである。問題は次に指摘されているように、子どもにとってこの自分とは違う「汝」が仲間であるとは思えないことがあるということ、たとえ仲間だと思えたとしても、母親が自分以外にもこの世界には仲間がいるということを子どもに教えないことである。

（2）スイスの教育家（一七四六〜一八二七）。

（3）『人間知の心理学』一六頁以下を参照。

結　語

（1）『人間知の心理学』（*Menschenkenntnis* の第一部）で扱われた。

（2）本書である。

解　説

本書成立の背景

本書は、Adler, Alfred. *Menschenkenntnis*, Frankfurt am Main, Fischer Taschenbuch Verlag, 1973（Original: 1926）の第二部を訳出したものである。

本書はアドラーがウィーンのフォルクスハイム（国民集会所）で行った講義がもとになっている。本書成立の背景については、本書の第一部を訳した『人間知の心理学』[1]の解説に詳しい。

あまりに単純すぎて

アドラーが六十七歳で忽然とこの世を去ったのは、スコットランドのアバディーンでのことだった。アバディーン大学の関係者に四日間の連続講義をすることになっていたのである。無事講演を終え、次の講演の地へと出発する日の朝、一人で食事をすませ、散歩に出ようと思ってホテルを後にした直後にアドラーは倒れた。心筋梗塞だった。

アバディーンでの最初の夜、招聘元大学の心理学教授であるレックス・ナイトと滞在先のホテルのロビーで挨拶を交わした後、ソファに腰を下ろした途端、一人の青年がやってきた。

「お二人の紳士が心理学者であることは知っています。でも、私がどんな人物かをいい当てることは、おそらくどちらにもできないと思いますよ」

ナイトは困惑したが、アドラーは目を上げるとじっと若者を見た。

「いいえ、あなたについて話せることがあると思いますよ。あなたは非常に虚栄心が強いですね」

どうして虚栄心が強いと思うのか、と問われてアドラーはこう答えた。

「二人の知らない紳士がソファーにすわっているところにやってきて、私のことをどう思うかとたずねるとは虚栄心が強いということではないか」

アドラーはナイトにコメントした。

「私はいつも私の心理学を単純にしようとしてきました。おそらくこういえるでしょう。神経症はすべて虚栄心だ、と。あまりに単純すぎて理解してもらえないかもしれないが」(2)

理論を単純なものにすることにはたしかにメリットがある。例えば、瞬時の判断が必要とされる育児や教育の現場において、子どもを前にして一々本を開くわけにはいかないだろう。そこで、わずかな原則を念頭に置いて、子どもと向き合い、子どもが何か問題を引き起こした時にはうまく対処したいと思う人は多い。アドラーの育児、教育論が、このように考える親や教師にとって、福音としての役割を果たしてきたことは否定できない。実際、親が子どもとの接し方を少し変えただけで、たちどころに子どもの行動に変化が見られると、こんなことで子どもは変わるのか、と驚く。子どもが小さければ小さいほどその変化は劇的である。

しかし、最初の喜びはすぐに消えてしまう。何もかもうまくいくはずだったのに、たちまち行き詰まってしまうからである。理由は二つある。一つは目の前にいる子どもが他のどんな子どもとも違う独自な面を持っているということである。本をどれほど仔細に読んでみても、そこには一般論は書いてあっても、目の前にいる〈この〉子どもについて書いてあるわけではない。

そこで本ではだめだと思った人は、カウンセリングを受ける。たしかにカウンセリングでは自分の子どものことが問題にされる。ところが、今度は先とは反対の極へ走る人がある。即ち、理論、原理、原則を学ぼうとせず、こんな場合はこうするというふうに、いわば応用問題の答えを知りたいと思うのである。これが育児がうまくいかない二つ目の理由である。そのようにして、当初は、行き詰まった子どもとの関係を修復したいという切迫した思いで解決の糸口を求めた人が、子どもの変化を目の当たりにした頃から、当初の、たとえすぐには問題が解決されなくても、子どもといい関係を築くことができ、ささやかな、しかし充足した時間を過ごすことができればいいと思っていたことを忘れて、子どもの支配を目指すようになることは残念ながらよく見られる。このようなことが起こるのは、子どもと向き合う親や教師の、本書で扱われる「性格」が関係している。同じ理論を学んでも、その理解も適用の仕方も人によって異なったものになる。そして、理論が単純であれば、それだけいっそう誤解され、誤用される。このようなことは、単純化に伴って起こる弊害といえるだろう。

以上のことは育児、教育を例にしたが、対人関係全般にも同じことが起こる。

自分を知り人を知る

本書は、アメリカで英訳されて出版された時、ミリオンセラーになった。アメリカで『パブリッシャー・ウィークリー』の一九二八年一月号に次のような全面広告が掲載された。

「あなたは劣等コンプレックスを持っていますか？　不安ですか？　臆病ですか？　横柄ですか？　従順ですか？　運命があるのを信じていますか？　隣人を理解していますか？　自分自身を理解していますか？　一夜を自分自身と共に過ごしなさい。自分自身の内側を見つめる冒険をしなさい。時代の最も偉大な心理学者の一人が、あなたが正しい場所で正しいことをする手助けをしましょう」(3)

人間の悩みはすべて対人関係の悩みである、とアドラーはいうが(4)、対人関係の問題を解決するためには、さらに、理論の誤用を防ぐためには、自分を知り、人を理解すること、即ち、本書の原題である Menschenkenntnis（人間知）が必要である。

タイプ別の問題

本書は、アドラーが性格について真正面から論じたものだが、目次を見るだけでもすぐにわかるように、様々な性格が分類されている。

先に、アドラーの著作において一般的に用いられるライフスタイルと性格の違いについて確認しておきたい。アドラーが自分が創始した心理学を個人心理学（Individualpsychologie, individual psychology）という時、individual はラテン語の individuum（分割できないもの）に由来する。アドラーは、人間を、例えば、精神と身体、感情と理性、意識と無意識などのように分けるあらゆる二元論に反対し、分割できない全体としての個人が目標に向かって行く、と考える。

この目標に向けての一貫した動き、人生の課題への個人独自の対処の仕方をライフスタイルという。性格は、このライフスタイルが外に現れた形である。

分割できない全体としての人間の行為には目標があるが、この目標を達成するために、ライフスタイル、性格を使うのである。この目標をめぐる問題については後述する。

ライフスタイル、性格の内実は、自分とまわりの世界（の人）をどう見るかということ、その見方に基づいて、人生の課題に対処する際のスタイルである。前者についていえば、自分を肯定的に受け入れているかどうか、他者を仲間と見ているか、それとも敵と見ているかどうか、後者についていえば、自分の、したがって自分しか解決できない人生の課題を前にした時、それを積極的に解決しようとするか、あるいは、課題を前に逡巡したり立ち止まってしまうかということが、ライフスタイル、性格の違いとなって現れる。

人の性格（ライフスタイル）をタイプに分け、自分や人をそれに当てはめることに興味を持つ人は多い。自分のことを知りたいからということもあれば、他の人との相性を判断したいからということもある。

しかし、性格をタイプに分けることには問題がある。性格を一般的なタイプに分け、それに自分や他の人を当てはめようとしてみても、そこに収めることができない個人の独自性があるはずだからである。一般的なタイプ分けによっては、個人の性格を完全に説明しつくすことはできるはずもない。

一本の木に同じ葉を見つけることができないように、同じ人は二人としていない。タイプや分類を重視すると、それに人を合わせようとすることになり、目の前にいる人が見えなくなってしまう。一般的な枠組みからはみ出すところにこそ、個性があるかもしれないのである。アドラーは別の著作の中で、「われわれは〔人間の〕タイプを重視しないといっておかなければならない」といっている。(5)

それにもかかわらず、本書においては様々な切り口での分類や、タイプ別をしている。アドラーが先の引用に続いて、タイプに分けるのは「個人の類似性についてよりよく理解するための知的な手段[6]」にすぎない、といっていることは、本書を読む際に読者が常に念頭に置くべき事である。

タイプを立てることは、個人の「類似性」について理解するためである、とアドラーはいう。人は人生を始めるにあたって、他の誰とも異なる発達の可能性を持っており、他者から区別される個人の独自性は、人が行う決断の際にも見られる。たしかに、自分自身の身体や外の環境からの影響から全く自由になることはできないが、同じ環境に置かれたからといって誰もが同じように行動するわけではない。人は自由意志、アドラーの言葉を使うならば、創造力によって、独自の決断を不断に行っているわけである。

しかし、それにもかかわらず、人はその時々で全く無原則に場当たり的に決断しているわけではなく、そこには各人に固有のパターンが見られ、それは同じものとして繰り返される。アドラーは次のように説明する。

「人の〔状況に対して取る〕態度は、われわれに、その精神の特性を知る根拠を提供する。それと共に、人の、そしてまた集団の表現の形を、ただちにタイプに従って判断してはいけないということに注目しなければならない[7]」

状況に対して人が取る態度は、固有のパターンとして、その人の精神の特性、性格を知ることを可能にする。その都度無原則に自由意志によって決断がなされるという面を強調しすぎると、個性とか人格すら問題にならなくなるだろう。ある課題を前にして行われる決断、対処の仕方には個人に固有のパターンがあり、それがライフスタイルであり、性格なのである。

アドラーがこのように注意して論じていても、タイプを立ててしまうと、当時から誤解されることになった。アドラーと一時期一緒に仕事をしていたヴィクトール・フランクルの患者の話は前に紹介したことがある。(8) その患者はこういったという。

「私に期待しないでください。私はアドラーがいう一人っ子の性格を持ちあわせていますから」

およそアドラーの意図とはほど遠いのだが、今日、心理学に関心を持つ人で同じように、自分をタイプに当てはめようとする人は多い。精神科医やカウンセラーも往々にして同じことをしている。

対人関係の中での性格

性格のタイプ分けについては、このようにアドラー自身が注意しており、われわれもタイプ分けによって起こりうる問題があることを踏まえて、アドラーの性格論の特徴を考察したい。

先に引いた『パブリッシャー・ウィークリー』の全面広告の中で一つ気にかかる表現がある。

「自分自身の内側を見つめる冒険をしなさい」

おそらくはあまり深く考えて作られたコピーではないだろうから、それに目くじらを立てるつもりはないのだが、なぜ気にかかるかといえば、本書を虚心に読めば、アドラーは「自分自身の内側を見つめる冒険をしなさい」とはいっていないことはすぐにわかるからである。

アドラーは、人は他者との関係から孤立して生きているのではなく、最初から他者との関係の中に生きていると考えている。そのことが彼の性格論を独自のものにしている。

「個人は、ただ社会的な文脈の中においてだけ、個人となる」[9]

欧米の近代語では表現は容易ではないが、人は他者と共にあることで「人間」になるのである。人は生物学的に弱い存在として一人では生きられないということもあるが、人間の存在がその本質において、他者の存在を前提としているということである。人は一人でも生きてられるが、他者と共生することもできるというよりも、最初から、人は社会的な存在である。人が一人で生きていくのであれば、言葉はいらないし、自分の考えを筋道立てて伝えるための論理も要らないだろう。アドラーは、言葉と論理に加えて、性格も「社会的概念」だという[10]。

「人間の性格は、われわれにとって、道徳的判断のための基礎ではなく、いかにこの人間が彼〔女〕の環境世界に働きかけ、それとどのような連関にあるかという社会的認識である」（一二八頁）

この環境世界はもっぱら人をとりまく対人関係であり、人生の課題もまた他者との対人関係がその内実である。そのような意味での環境世界への働きかけの仕方が性格と呼ばれるのであるから、言葉や論理と同様、性格も他者が存在しなければ問題にならないのである。そこで、他者との関係から切り離した上で、性格について考察してもほとんど意味がない。アドラーの性格論の最も重要な特徴は、まわりの世界への関係、対人関係を考慮するということである。

性格は生得的なものではない

次に、アドラーが性格は生得的なものではないと考えている点に注目したい。

フランクルは、先にも見た「私はアドラーがいう一人っ子の性格を持ちあわせて」いるという患者について、このような人は、自分が自分自身に打ち克つことができることを忘れている、とコメントしているが[11]、アドラーも同じようにいうだろう[12]。

アドラーは、人がどの方向に向かっているか、どのような目標を達成しようとしているかという見地から言動を見ていく。このような見方を目的論という。この目標や目的を人は自由意志で決めるということは、アドラーが決して譲ることができない前提である。

そこで人は外からの刺激や環境に機械的に反応するのではない。ここで問題にしている性格もまた何かの目標、目的を達成するために自らが選び取ったのであって、性格が原因となって、あれやこれができないというのは、後で説明のために持ち出された弁明にすぎない。性格は生得的であると考え、その性格が自分の今のあり方を決めていると考えるとすれば、そのことに既に何か目的がある、とアドラーなら考えるだろう。

性格を生得のもので変えられないと考える人がいるのはなぜか。一つには、そのように考える本人が、性格を生得のもの、親から遺伝したものと見なすことで、そのことを自分に与えられた人生の課題を回避する口実にしたいからである。例えば、怠惰という性格が生得のものとして親から遺伝されたものである、と認められれば、それを課題解決のために必要な努力ができないことの口実にできるわけである。

もう一つは、そのように見なせば、親や教師が自信を持って育児や教育という課題に取り組むことを妨げ、責任を軽減し、そこから逃れることを可能にするからである。[13]

たとえ生得的な性格というものがあるとしても、生まれてすぐに自分をとりまく対人関係の中に放り込まれると、他者との関係によってたちまち性格を変えていく必要が出てくるだろう。人は他者との関係の中にあって、その対人関係から起こる問題を何らかの形で解決するために、性格を自分で創り出すのである。

例えば、子どもは最初は言葉を持たないので、自分の必要とするものを泣くことによってしかまわりの人に伝えることができない。それがアドラーがいう環境世界への働きかけである。泣くことの目的は、まわりの人の注目を自分に向けることである。その時の他者の対応は、子どもが自分の性格を決めていく際の重要なデータになりうるだろう。そこで、もはやいつも他者の援助を当てにする必要がなくなっても、泣くことでまわりの人の注目を自分に向けることに成功してきた子どもは自己中心的な性格になるかもしれない。自己中心的な性格に「なる」というのは、一般的な表現だが、厳密には、そのような性格をかつて自分が置かれた環境をデータとしてそこから注目を得るという目的のために有用なものとして選び取るのである。

時には、その自分で選び取った性格が、自分にとって有利ではなく、どちらかというと不自由であったり、不便な性格であっても、それ以外の性格を選び取った時に起こりうる変化を怖れ、他の性格を選ぼうとしないこともある。

影響因と決定因

自分が置かれている環境はあくまでもデータでしかない（アドラーはこれを「素材」という）。他にも多くの要因がデータとなりうる。たとえば、きょうだい関係、親子関係、さらには、人が生きている時代、社会、文化から影響を受けないわけにはいかない。アドラーは「性格が形作られる状況」という表現をしている。それらは性格形成の際の影響因にはなるが、決定因ではないのである。人が他者との関係の中にあって（したがって、一人で生きる人には性格は問題にならない）、その対人関係を何らかの形で解決する際の必要によって（これが目的である）ある性格を選び取るのである。

同じきょうだいなのに性格が全く似通っていないということはよく知られている。性格を決めるのは、本人の決断である。アドラー自身の表現でいえば、「自分が運命の主人」（一九頁）なのであって、アドラーはあらゆる決定論に反対する。人生の課題という困難を前にした時に、どんな反応をするかは、人によって違う。反応の仕方もだが、そもそもその困難が誰にも等しく同じものとして経験されるわけではないのである。

無論、教育も重要な影響因である。人が自由意志を持ち、生得的なものや過去の経験などによって決定されているのではないからこそ、教育は意味があるのである。アドラーはカウンセリングを再教育と考えるが、決定論に立つ心理学や精神医学では、そもそも治療が可能だとは思わない。

優越性の追求

本書においては、このような影響因の他に、優越性の追求と共同体感覚の絡みが性格を形成する時の重要な要素として論じられている。本書では、優越性の追求は否定的に捉えられ、それとは別に第二の作用因として共同体感覚が持ち出されている。しかし、アドラーが全体論を支持するのであれば、このように考えることはできない。

全体論というのは、次の意味である。既に見たように、「個人心理学」という時の、「個人」は訳語では表現できないが、ラテン語の individuum（分割できないもの）に由来し、分割できない全体としての人を意味するのである。アドラーはこの前提に立って、精神と身体、感情と理性、意識と無意識に分けるというあらゆる形の二元論に反対した。そこで、例えば、本当は怒るつもりはなかったが、ついカッとして大きな声を出してしまったとか、こうすることはいけないと思っていたのに、自分の中に潜むもう一人の自分がささやいて、一度くらいならいいではないか、と悪の道へと自分をそそのかしたというようなことは〈ない〉、とアドラーならいうだろう。ダイエットをしている人が、食べてはいけないのに空腹にかられて常よりもたくさん食べたという時に、心の中での葛藤に負けて、つい食べてしまったのではへないV。全体としての私がその時、これを食べることをよしとしたというふうに考えるのである。

したがって、例えば、右足と左足のように、一見、反対の動きをしているように見えても、両方の足は協力して一つの方向を目指しているというふうに考えるのが合理的である。もちろん、協力していないように見えることもある。例えば、心の中での葛藤の末に、あることを選択したと考えた方が面目が立つということがある。本当は出かけたいと思っているのに、外に出ると不安になるから出られないという方が、ただ外に出られないというよりは、人との約束を断る時などに都合がいいからである。こうすれば不安を対人関係という課題を回避するための理由にできる。しかしこのような場合は、心ならずも外出できないといえるけれども、それでも出かけないという決断は、全体としての私がしたとしかいえないのである。

優越性の追求と共同体感覚の関係について考えるならば、優越性の追求と共同体感覚も、二つの独立した作用因と考えること、共同体感覚は利己的な目標追求に拮抗する第二の動因、利他的な動因である、と考えることは、このような全体論を認める以上できないのである。(14)

後の著作においては、アドラーは、全体としての個人が優越性という目標を追求して行動する、と考える。全く無力な状態から脱したいと願うという意味で優れていようとすることは誰にも見られる普遍的な欲求であり、[15]「すべての人を動機づけるのは優越性の追求であり、われわれの文化にわれわれがなすすべての貢献の源泉である。人間の生活の全体は、この活動の太い線に沿って、即ち、下から上へ、マイナスからプラスへ、敗北から勝利へと、進行する」[16]。これと対になるのが劣等感だが、いずれも誰にでもあり、優越性の追求も劣等感も病気ではなく「健康で正常な努力と成長への刺激である」[17]とされている。

それぞれ劣等コンプレックス、優越コンプレックスと呼ばれる劣等感と過度の優越性の追求がある。それらはいずれも人生の有用でない面にある。劣等コンプレックスがさらに高じると、神経症になる。[18]優越性コンプレックスは、優越性追求の過度の状態であり、個人的な優越性の追求、あるいは、神経症的な優越性の追求といいかえられている。

このように、優越性の追求そのものが否定されているのではないが、人が直面する課題を個人的な優越性を得るという仕方で解決したいと思うことをアドラーは問題にするのである。

そこで、優越性の追求は、後の著作においては、正しい方向での追求と、誤った方向での追求が区別される。優越性の追求が本書でいう虚栄心という形で現れた場合は、個人的な優越性追求といわれる。そして、正しい方向での優越性の追求は、共同体感覚を伴った（mit）優越性の追求、誤った方向での優越性の追求は、共同体感覚に反した（gegen）優越性の追求といわれる。今一度繰り返すと、共同体感覚は、優越性の追求とは別の動因として、利己的な優越性の追求に拮抗するのではなく、アドラーは、共同体感覚は規範的な理想、方向を与える目標[19]として優越性の追求に方向性を与えるものと考えるようになったのである。[20]

共同体感覚を規範的な理想として捉えることには意味がある。その本来的な意味は、人と人とが結びついているということであるが、現実の世界においては競争がはびこり、無辜《むこ》の人が犯罪者の刃に倒れることがあるというような時代において、アドラーがいうように、他者は敵ではなく、仲間であるとはとうてい思えないという人はあるだろう。しかし、そのような現実をそのまま肯定することなく、理想が現実から遠く離れていても、あるいは、現実とは違うからこそ、なお理想を高く掲げてそれに近づく努力をしていくというのが理想主義である。

アドラーにとって人が優越性の追求をすること（ただし、後の考えに従って、個人的な優越性の追求という意味である）が現実だとすれば、共同体感覚は、そのような優越性の追求を規範や理想として正しい方向へと向ける働きをするのである。

この点、アドラーはなお徹底していなかったと私は考えている。

「共同体感覚は、生まれつきのものではなく、意識的に発達させなければならない先天的な可能性である[21]」

共同体感覚は、このようにたしかに意識的に発達させなければならないといわれているものの、なお「生得的」な可能性と規定されているところが、徹底しきれてない。これは人間についてのアドラーの楽観主義ともいえるが、共同体感覚は生得的な可能性であるといわれると、意識的に発達させられなくてはならないということの方にはあまり注意が向かず、何もしなくても完成し、ただ展開するのを待てばいいという印象を受けないだろうか。アドラーは、生得的といっても、この感覚を例えば呼吸と同じには見ていない。しかし、やがて共同体感覚が発達すれば、将来の人類はそれを呼吸と同じようなものとして持つだろう、とまでいっているのである。[22]

現状では、むしろ、アドラーの重点は共同体感覚を意識的に発達させる方になければならない。それは一つには教育によって行われる。子どもの成長を「自然」に委ねるわけにはいかない。教える側も、この共同体感覚についてのいわば正解を持っているわけではない。何が理想であるかという吟味は、不断に行われるべきであり、終わりのないものである。なぜなら、この世においては、完全な理想はないからである。文化の自明性をたとえそれが常識であっても徹底的に疑うアドラーは、現状をそのまま肯定するという意味での偶像崇拝を認めない。共同体が到達できない理想であるのと同様、共同体感覚も理想であることを止めることはないのである。たとえ大多数の人が認める立場であっても、なお人間は誤る可能性がある。しかし、そのようであっても、共同体感覚は、人間にとって「導きの星」[23]なのである。理想は人がそこへと向かって行く目標である。

やがてアドラーが採る立場でいえば、優越性の追求は先にも引いたように「健康で正常な努力と成長への刺激」なのだが、問題は、何を優越性と考えるかということである。それによって、追求の方向性が変わってくる。本書で引かれている例でいえば、他者を支配すること、他者に依存すること、他者から認められようとすること、またさらに、課題に取り組まないことに優越性を見る人がある。アドラーがいう共同体感覚は何が優越性であるかという問いへの一つの答えであるといえる。

失われる人生、現実との連関

さて、今一度、アドラーが生前最後に滞在したアバディーンでのエピソードに戻ろう。アドラーとナイトに話しかけた青年が、自分は二人が心理学者であることを知っているが、自分がどんな人物かいい当てることはできないだろう、といったのに対して、アドラーは、「あなたは非常に虚栄心が強い」と答えたのだった。

「人間の本性について知るためには、不遜であったり、傲慢であってはならない」[24]というアドラーがかくも簡単に答えたことに私は驚くのだが、アドラーは本書においていわれる「価値低減傾向」（四九頁）をこの青年が示したことを瞬時に見抜いたのである。虚栄心のある人は他者の価値と重要性を攻撃する。他者の価値を落とし、そのことによって相対的に、優越感を得ようとするわけだが、アドラーがいうように、このような人には弱さの感情、あるいは劣等感が潜んでいるわけである。この青年にとって、二人が何者であるかを知ることは難しいことではなかったはずである。

さらに『性格の心理学』を読んだ人は、この時、アドラーが次のように語っていることに注目するだろう。

「私はいつも私の心理学を単純にしようとしてきました。おそらくこういえるでしょう。神経症はすべて虚栄心だ、と。あまりに単純すぎて理解してもらえないかもしれないが」

本書でアドラーが取り上げる虚栄心は、自分についても、まわりにいる人についてもことのほか思い当たるという印象を私は持った。虚栄心から自由な人は誰もいない、おそらく誰もがいくらかはこの傾向を持っている、とアドラーはいう（四三頁）。また、虚栄心は他の性格にも見られることが指摘されている。

人が皆、神経症者（the neurotic）であるわけではないが、神経質者（the nervous）ではある。神経質者でない人はいない[25]。症状がなくても、神経質的ライフスタイル、あるいは神経質的性格を持っている、といえる。人生の課題を前にして前者は全く動かないが、後者は、時にためらいの態度を取って立ち止まることはあっても全く止まってしまうということはない。アドラーが、神経症はすべて虚栄心だという時、神経症的なライフスタイル、性格を問題にしているのである。

アバディーンでのアドラーの言葉に該当する箇所は、本書では次のところである。

「総じて、認められようとする努力が優勢となるや否や、精神生活の中で緊張が高まる。この緊張は、人が力と優越性の目標をよりはっきりと見据え、その目標に、活動を強めて、近づくことを試みるように作用する。そのような人生は、大きな勝利を期待するようになる。このような人は現実との接点を見失うに違いない。なぜなら、人生との連関を失うからであり、常に、〔人に〕どんな印象を与えるか、他の人が自分についてどう考えるかという問いにかかずらうことになるからである。行動の自由は、そのことによって、著しく妨げられることになる。そして、最も頻繁に現れる性格特徴があらわになる。虚栄心である」（四〇頁）

先の青年にアドラーはこう答えたのだった。

「二人の知らない紳士がソファーにすわっているところにやってきて、私のことをどう思うかとたずねるとは虚栄心が強いということではないか」

虚栄心のある人は、認められようと努力し、「〔人に〕どんな印象を与えるか、他の人が自分についてどう考えるかという問いにかかずらう」といわれているのは、まさにこの青年のことではないか。

ここで「現実との接点を見失う」と訳した言葉の原語は unsachlich である。事実や現実（Sache）に即していないという意味である。人生との連関、現実との接触を失うのは次のような場合である。

まず、自分が人からどう思われているかを気にする時である。人から認められようとし、（個人的な）力と優越性を目標とする人は、実のところ、強い劣等感を持っている。本当に優れている人は誰かにそのことを認められる必要を感じないし、自分が優れていることを誇示しない。しかし、自分に力があり、優れていることを確信するために他者からの認容、評価、承認が必要だと感じる人は、現実の自分を生きることはできない。このように実際よりも優れていなければならないと思う人には、虚栄心がある。そして、今、自分がしようとしていることが、自分にとって有利かどうかをまず考えるので、不自由な生き方を強いられることになる。どう思われるかを考える前に、自分が今ここで何をすればいいかを考えられない人は、するべき好機を逸することになり、現実との接点を失うことになる。

「虚栄心は、一定の限度を超えると、非常に危険なものになる。それが、実際にあることよりも思われに関わるような、様々な役に立たない仕事や消費へと人を強いるということ、〔他者よりも〕自分のことをより考えさせ、せいぜい、自分について他者がどう判断するかを考えさせるということは別としても、人は、虚栄心によって、容易に現実との接触を失うのである。人間的な連関を理解しないで、人生との連関を持つことなく、とりとめもなく動く。そして、人生が要求していること、人間として〔人生に〕何を与えなければならないかを忘れる。虚栄心は、他の悪徳とは違って、人間のあらゆる自由な発達を妨げる。結局のところ、絶え間なく、自分にとって有利かどうかということばかり考えるからである」（四一頁）

虚栄心のある人は、また自分の失敗の罪を他者のせいにする（四二頁）。そうすることで、問題への取り組みを回避するか、問題の前で逡巡する。失敗の原因を人に帰するだけではなく、症状に求める人も同じである。神経症者がその例である。神経症者はいう。「もしもこの症状がなければ何でもできるのに」と。そして、可能性にばかり賭け、現実との接点を見失ってしまうのである。

性格の理想

人が虚栄心を捨て、いわば地に足が着いた生き方を可能にするような性格を選び取れば、他人がどう思おうと、人の自分についての見方に自分を合わせたりはしない。その意味で、可能的な自分の代わりに、この現実の自分を受け入れられることは、そのことが既に大きな前進といえる。このような性格を受け入れることができた時点で、人はもはや以前とは違ってしまっているといえる。

しかし、このように人に合わせることなく、人からの評価を気にしないことは、たしかに大きな変化を意味するが、それだけでは、実は無内容だともいえる。人に合わせない、人からの評価を気にかけない、人に期待されるような人にならないとしても、そして、これは、この意味においてのみ「そのままの」自分でいいということだが、それでは、どんなふうであってもいいのかといえば、そうではない。そのままでいい、といわれその言葉を誤解する人はいる。アドラーは、自分がただいるだけで重要だと自分のことを見なす子どもがいるといっている[26]。そのような子どもは、甘やかされ、常に注目の中心にいることを許されてきたのである。もちろん、そのままでいいということは、このような意味ではない。

実際、アドラーは前の引用箇所では次のようにいっている。

「虚栄心が強くなると、他者のことよりも自分のことを考えるようになり、人生が要求していることと、人間として〔人生に〕何を与えなければならないかを忘れる」（四一頁）。「われわれが常に共同体と結びついていたいと思うこと、結びついていると信じたい、あるいは、少なくとも、結びついているように見せたいということから、独自の生き方、思考、行為の技術が生じる」（一五頁）

アドラーは所属感を重視するが、共同体との結びつきは、受動的なものではない。その上に、積極的に、与えること、貢献することによって所属感を得られることが重要だと考えるのである。アドラーがこのようにただ性格の分析に終始するだけではなく、その改善の方向性を具体的に与えていることも、アドラーの性格論の特徴である。本書において示される「人間知」は、真に知れば、必ず人を変えることができる。

アドラー・セレクションの四冊目である本書が成ったのは、多くの人のお力添えに負うところが大きい。今回も、アルテの市村敏明さんにはお世話になった。感謝したい。

二〇〇九年八月一五日

岸見　一郎

注

（1）アドラー、アルフレッド『人間知の心理学』岸見一郎訳、アルテ、二〇〇八年。

（2）Manaster, Guy et al. ed. *Alfred Adler: As We Remember Him,* North American Society of Adlerian Psychology, 1977.

（3）*Publishers Weekly,* Vol. 115, January 28, 1928, p.347.

（4）アドラー『個人心理学講義――生きることの科学』岸見一郎訳、アルテ、二〇一二年、一六頁。

（5）アドラー、前掲書、五六～七頁。

（6）アドラー、前掲書、五七頁。

（7）『人間知の心理学』四三頁。

（8）岸見一郎『アドラー心理学入門』ＫＫベストセラーズ、一九九九年、一三七頁。

（9）アドラー『個人心理学講義』一二三頁。

（10）本書、七頁。以後、本書からの引用頁は本文中に記す。

（11）フランクル、ヴィクトール『宿命を超えて、自己を超えて』春秋社、一九九七年、一七頁。

（12）アドラーは、第一子については、例えば『人間知の心理学』一六五～六頁で論じている。

（13）アドラー『人間知の心理学』二九頁。

（14）Adler, Alfred. : *Über den Ursprung des Strebens nach Überlegeheit und des Gemeinschaftsgefühls,* Internationale Zeitschrift fur Individualpsychologie, 11. Jharg. 1933（*Alfred Adler Psychotheraphie und Erziehung Band III,*

Fischer Taschenbuch Verlag, Frankfurt am Main, 1983 所収）S.22. アンスバッハーもこのような解釈をするのだが（Adler, Alfred. *Superiority and Social Interest: A Collection of Later Writings.* Edited by Heinz L. and Rowena R. Ansbacher. W.W.Norton, 1979, p.29）、アドラーは、優越性の追求も共同体感覚も本文で書いたような制限付きではあっても、生得的なものと考えている。共同体感覚を生得的なものと見ることの問題は後に論じるが、前者についても生得的だと考えている。ただし、そのことの意味は、それなしには生をそもそも考えることができない追求努力、衝動、自己発展だという。両方とも生得的な動因と認めることとは全体論とは相容れないのではないか。

（15）アドラー『個人心理学講義』四五頁。

（16）Adler, Alfred. *What life could mean to you,* Edited and translated by Colin Brett, One WorldPublications, 1992 (Original: 1931）p.67.

（17）アドラー『個人心理学講義』四五頁。

（18）前掲書、一三七頁。

（19）Adler, : *Über den Ursprung des Strebens nach Überlegeheit und des Gemeinschaftsgefühls,* S.26-7.

（20）本書においても、これと同じような捉え方が見られないわけではない。例えば、虚栄心について、それが公共に有用であるところで満足させることが勧められている（四一頁）。

（21）アドラー『人はなぜ神経症になるのか』岸見一郎訳、アルテ、二〇一二年、三九頁。

（22）Adler, *op.cit.,* S.29.

（23）アドラー『生きる意味を求めて』岸見一郎訳、アルテ、二〇〇七年、二二七頁。

（24）アドラー『人間知の心理学』九頁。

（25）Sicher, Lydia. *The Collected Works of Lydia Sicher: Adlerian Perspective.* Edited by Adele Davidson, Fort Bragg, Ca: QED Press, 1991, p.417.

（26）Adler, *What life could mean to you*, p.177.

◆著者

アルフレッド・アドラー（Alfred Adler）

1870年―1937年。オーストリアの精神科医。1902年からフロイトのウィーン精神分析協会の中核的メンバーとして活躍したが、1911年に学説上の対立から脱退した。フロイトと訣別後、自らの理論を個人心理学（Individualpsychologie, individual psychology）と呼び、全体論、目的論などを特色とする独自の理論を構築した。ナチズムの台頭に伴い、活動の拠点をアメリカに移し、精力的な講演、執筆活動を行ったが、講演旅行の途次、アバディーンで客死した。

◆訳者

岸見　一郎（きしみ　いちろう）

1956年、京都府生まれ。京都大学大学院文学研究科博士課程満期退学（西洋哲学史専攻）。専門はギリシア哲学、アドラー心理学。著書に『アドラーを読む』『アドラーに学ぶ』（ともにアルテ）、訳書にアルフレッド・アドラーの『人生の意味の心理学』『個人心理学講義』『生きる意味を求めて』『子どもの教育』（以上アルテ）などがある。

性格の心理学〈新装版〉――アドラー・セレクション

2009年10月25日　初　版第1刷発行
2023年 1 月25日　新装版第1刷発行

著　者　アルフレッド・アドラー
訳　者　岸見　一郎
発行者　市村　敏明
発　行　株式会社　アルテ
〒170-0013　東京都豊島区東池袋2-62-8
BIGオフィスプラザ池袋11F
TEL.03(6868)6812　FAX.03(6730)1379
http://www.arte-book.com
発　売　株式会社　星雲社
（共同出版社・流通責任出版社）
〒112-0005　東京都文京区水道1-3-30
TEL.03(3868)3275　FAX.03(3868)6588
装　丁　Malpu Design（清水良洋＋高橋奈々）
印刷製本　シナノ書籍印刷株式会社

ISBN978-4-434-31470-4 C0011 Printed in Japan

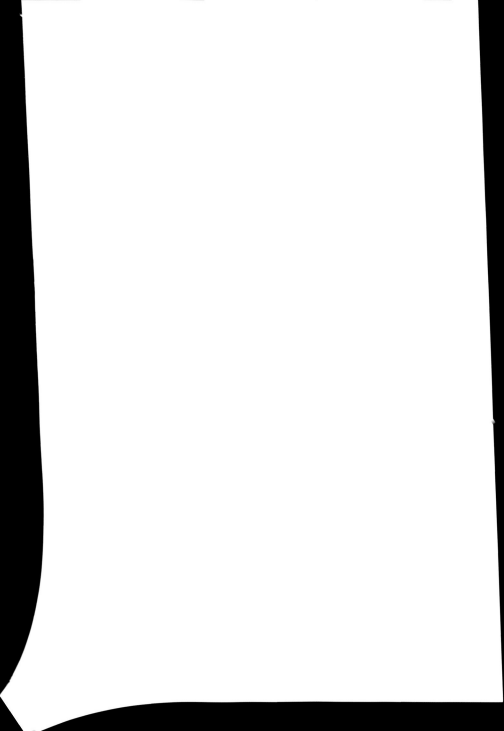